지압과 마사지는 나의 건강과 즐거운 가정 생활을

SHIATSU & MASSAGE
지압과 마사지

CAROLE McGILVERY, JIMI REED
MIRA MEHTA & SILVA MEHTA

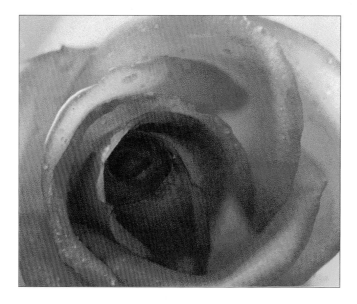

Photography by
SUE ATKINSON

학 문 사

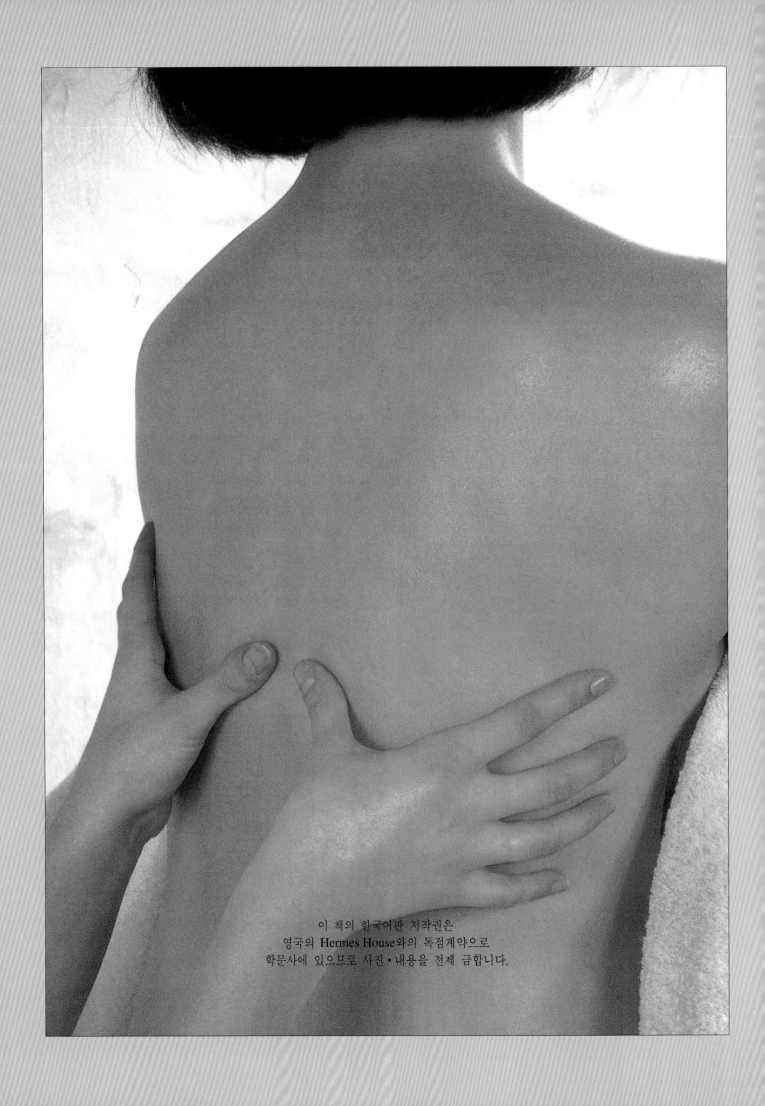

Contents

지압과 마사지_04

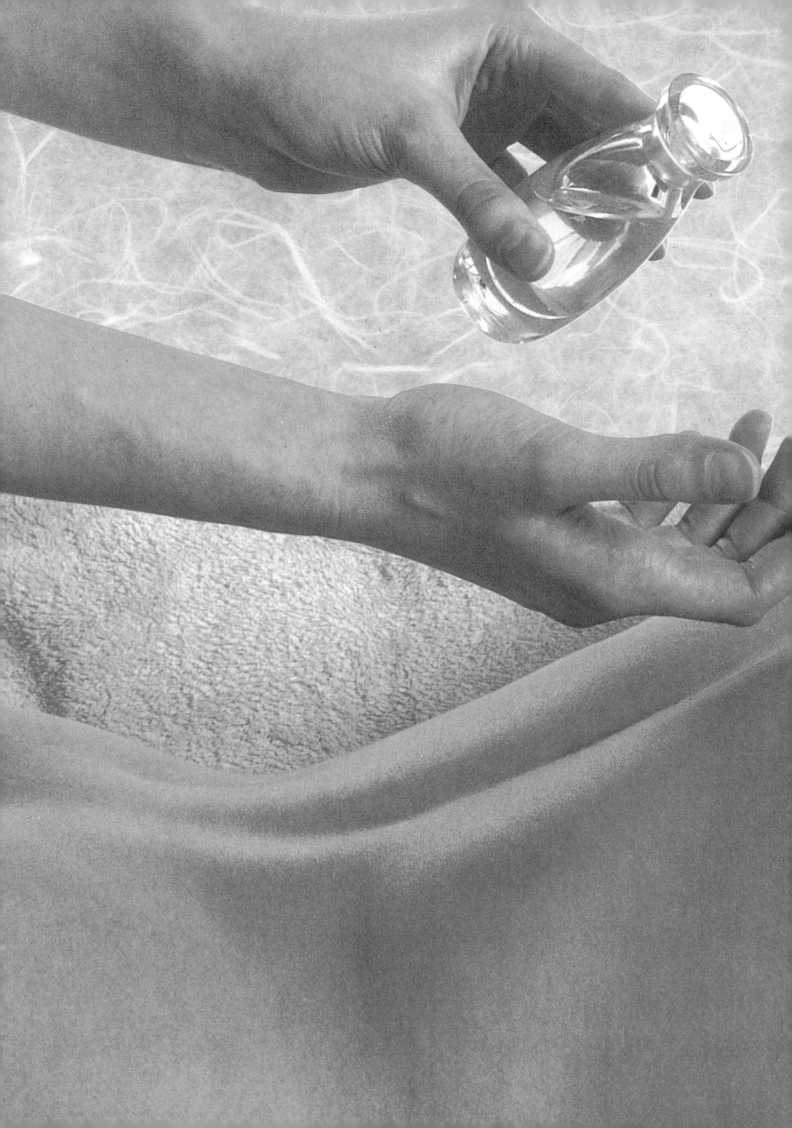

지압과 마사지

누구나 마사지를 즐긴다. 아기부터 나이든 사람까지, 운동선수부터 친구와 연인까지, 모든 사람이 이 강력한 의사소통 형태에서 도움을 받을 수 있다. 긴장 완화를 효과적으로 돕는 마사지는 스트레스를 사라지게 하고, 긴장과 아픈 근육을 풀어주며, 두통과 수면 문제를 해결해 준다. 그러나 마사지는 이완 뿐 아니라 활기를 주기도 한다 : 몸의 많은 기능을 향상시키고 근육을 치료하고 강화시키며, 새로운 활력을 느끼게 해준다. 몇몇 간단한 기술을 익힘으로써, 촉각의 언어를 배우게 될 것이다 - 자신과 다른 사람들을 위한 가치있는 선물.

지압(시아추 Shiatsu)

시아추의 기원은 침술이나 지압이 의술의 한 형태였던 고대 중국까지 5000년 이상 거슬러 올라갈 수 있다. 그러나 현대 지압은 전통적인 동양 의술에 서양의 안마 기술을 융합한 현대 일본의 치료법이다. 지압이라는 이름을 문자 그대로 해석하면 손가락으로 누르기이다 - Shi(손가락) 그리고 Atsu(누르기). 하지만 팔꿈치, 무릎, 발도 막힌 기의 통로를 열어주기 위해 몸의 경선과 압점을 따라 사용된다. 지압은 온 몸의 건강을 증진시키고 고통을 완화시키는 신성한 치료법이다.

지압하기

지압받는 사람이 눈을 감으면 긴장이 풀리고 세상으로부터 벗어나는 특별한 시간을 만들 수 있다. 손길에 의한 의사소통이 더 많은 것을 말할 수 있기 때문에 지압하는 동안 말을 할 필요는 없다. 지압의 기본 원칙 중 하나는 두 손을 동시에 쓰는 것이다. 두 손의

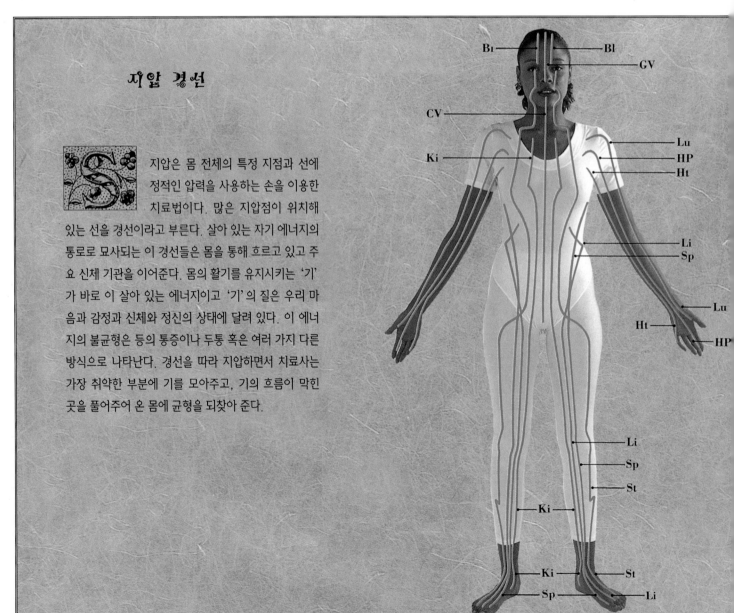

지압 경선

지압은 몸 전체의 특정 지점과 선에 정적인 압력을 사용하는 손을 이용한 치료법이다. 많은 지압점이 위치해 있는 선을 경선이라고 부른다. 살아 있는 자기 에너지의 통로로 묘사되는 이 경선들은 몸을 통해 흐르고 있고 주요 신체 기관을 이어준다. 몸의 활기를 유지시키는 '기'가 바로 이 살아 있는 에너지이고 '기'의 질은 우리 마음과 감정과 신체와 정신의 상태에 달려 있다. 이 에너지의 불균형은 등의 통증이나 두통 혹은 여러 가지 다른 방식으로 나타난다. 경선을 따라 지압하면서 치료사는 가장 취약한 부분에 기를 모아주고, 기의 흐름이 막힌 곳을 풀어주어 온 몸에 균형을 되찾아 준다.

접속은 지압하는 사람과 받는 사람을 이어주는 흐름을 만들어낸다. 이 연결을 유지하기 위해서 한 손은 가만히 있으면서 지압받는 사람의 느낌을 들어주고 편안하게 하는 역할을 한다. 그 동안 다른 손(기를 전하는 손)은 지압을 한다. 두 손에서 나오는 압력의 양은 지압하는 부분에 따라 달라진다. 기를 주는 손과 보조하는 손은 지압하는 동안 여러 번 역할을 바꾼다. 지압하는 사람이 얻고자 하는

것은 하는 사람과 받는 사람이 모두 융합해서 하나처럼 느껴지는 것이다. 초보자이더라도 보고, 묻고, 듣고, 만지는 감각을 모두 사용한다. 받는 사람의 요구를 주의 깊게 듣고 지압하기 전에 증상에 대해서 묻는다. 손을 통해 도우려는 마음이 받는 사람에게 전해지고 가장 단순한 기술이 끈끈한 유대감을 만든다. 긴장 그 자체가 지압받는 사람에게 전해질 수 있기 때문에 지압을 하기 전에는 마음을

평온하게 한다.

하라(Hara-단전)

하라는 몸에서 에너지가 가장 충만한 중심 부분 중 하나이다. 지압 용어에서는 '단전'으로 알려져 있고 아래 배의 배꼽 밑에 위치해 있다. 단전은 몸의 중심이고 모든 지압 치료에서 아주 종종 그 모습을 드러낸다. 하라는 몸의 앞쪽에서 위로 흐르는 음(땅)의 기운과 몸의 뒤쪽에서 아래로 흐르는 양(하늘)의 기운을 아랫배로 끌어들여 융합한다. 이 중심에 모든 동작의 중심을 맞추면서 조화로운 치료를 할 수 있다. 단전의 힘이 모든 동작에 들어간다는 열린 마음의 자세를 만든다. 이것은 무게가 물리적인 힘 대신 사용될 수 있게 해준다. 단순한 법칙은 지압하는 사람이 편하고 이완되어 있지 않으면 받는 사람도 이것을 알게 된다는 것이다. 호흡은 스트레칭 하거나 누를 때 무척 중요하다. 깊게 호흡하고 스트레칭으로 옮겨갈 때 내쉰다. 지압받는 사람도 똑같이 하게 한다.

치유 에너지

지압의 목적은 '기'의 균형을 잡아주는 것이다. 흔들고, 주무르고, 스트레칭하는 기술은 막힌 기를 풀어주는 데 가장 효과적이다. 지압을 받는 사람의 기가 아주 약하고 전체적으로 피로해 있다면 느리고 깊고 정적인 지압은 기를 강화시키는데 아주 효과적이다. 어떤 부분은 1~10초 정도 누르고 있는 것이 일반적인 지침이지만 그 시간은 지압하는 사람의 직관에 따른다.

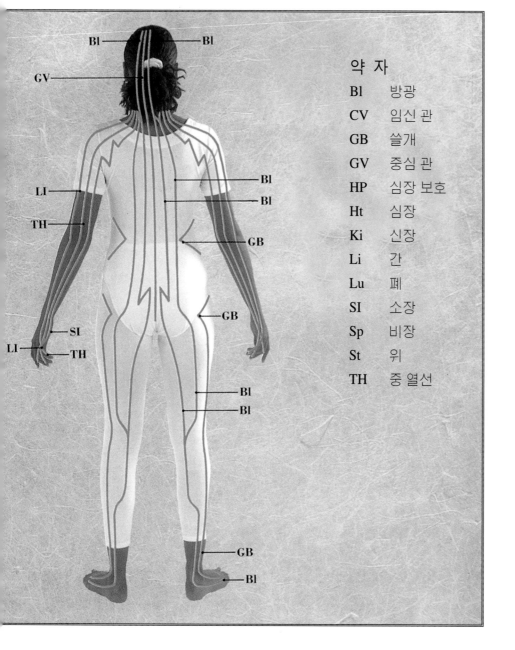

약 자

Bl	방광
CV	임신 관
GB	쓸개
GV	중심 관
HP	심장 보호
Ht	심장
Ki	신장
Li	간
Lu	폐
SI	소장
Sp	비장
St	위
TH	중 열선

실행 지점

지압 과정은 보통 1시간까지 지속된다. 지압 동작이 방해받지 않도록 헐렁한 옷을 입는 게 좋다. 지압을 받는 사람도 몸과의 접촉을 방해하는 너무 크거나 꽉 끼는 옷은 피한다. 몸 전체를 지압하는 치료사는 몸의 문제를 발견하고 회복 과정을 돕기 위해 집에서 할 몇 가지 단순한 운동을 제시하기도 한다. 지압의 효과는 금새 느껴지기도 하지만 시일이 좀 지난 후에 느껴지기도 한다. 그렇지만 지압받는 부분이 아주 고통스러우면 치료사에게 문의한다. 정신적, 신체적으로 똑같은 문제를 가진 사람은 없으며 많은 치료 과정이 개인적인 필요에 의해 좌우된다. 지압은 몸, 마음, 감정, 정신 사이에 의사소통을 도와준다.

주요 기술

손바닥으로 누르기

손바닥으로 누르는 것은 지압에서 가장 많이 사용되는 가장 간단한 기술이다. 손바닥으로 누르는 것은 부드럽지만 강해서 긴장된 부분이나 취약한 부분에 힘을 실어주거나 이완시켜 주는 효과를 낸다. 손의 긴장을 풀고 몸의 어느 부분을 지압하든 손가락이 윤곽을 따라가게 한다. 그리고 나서 손바닥에 몸의 무게를 싣고 두 손바닥 사이에 접속을 위해 그 상태를 유지한 채 기다린다. 상체를 뒤로 젖힌 채 손을 떼지 말고 몸을 따라 손을 미끄러지듯 움직인다. 그리고 다시 몸을 앞으로 기울이고 정적인 수직 압력을 가한다.

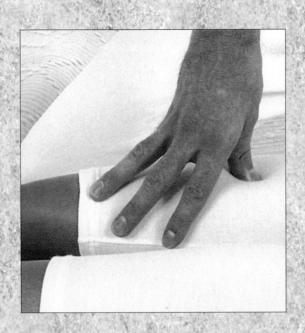

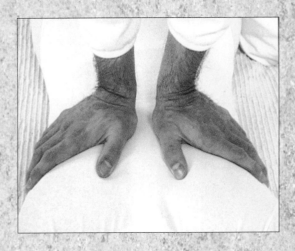

엄지손가락으로 누르기

엄지손가락으로 누르는 것은 손바닥보다 훨씬 정밀하고 전달 효과가 크며 경선을 따라 있는 압점 위에서 사용한다. 엄지손가락의 편편한 부분을 압점에 놓는다. 나머지 손가락은 지탱하는데 사용해서 엄지손가락을 쭉 펴고 있을 수 있게 한다. 대부분의 압력이 엄지손가락을 통해 전해지도록 몸을 앞으로 기울인다. 엄지손가락으로 지압하려면 반드시 손톱을 짧게 잘라야 지압받는 사람이 다치지 않는다.

간단한 지압

다음의 지압 장면들은 각각의 기술이 다음 기술로 부드럽게 이어질 수 있도록 조정되었다. 모든 치료 과정이 동작별로 분리되지 않고 끊김 없는 하나의 단위로 실행되면 이상적이다. 그러기 위해서는 지압받는 사람과 계속 접촉하면서 한 동작에서 다른 동작으로 편하고 자연스럽게 넘어가도록 해야 한다.

양(陽)

지압받는 사람 옆에 앉는다. 잠시 자신에게 집중하고 마음을 비워서 지압받는 사람에게 집중할 수 있게 한다.

1 손을 천천히 등허리에 안정되게 놓는다. 이 접촉은 지압을 하는 사람과 받는 사람이 각자의 에너지를 서로 조율하는 중요한 시간이다. 지압받는 사람이 요구하는 게 무엇인지 이 시간을 활용해서 알아본다; 신체적, 감정적, 정신적으로 에너지의 질을 느껴본다. 이것은 다음에 올 모든 지압 기술에 주의를 집중시킬 수 있게 해준다.

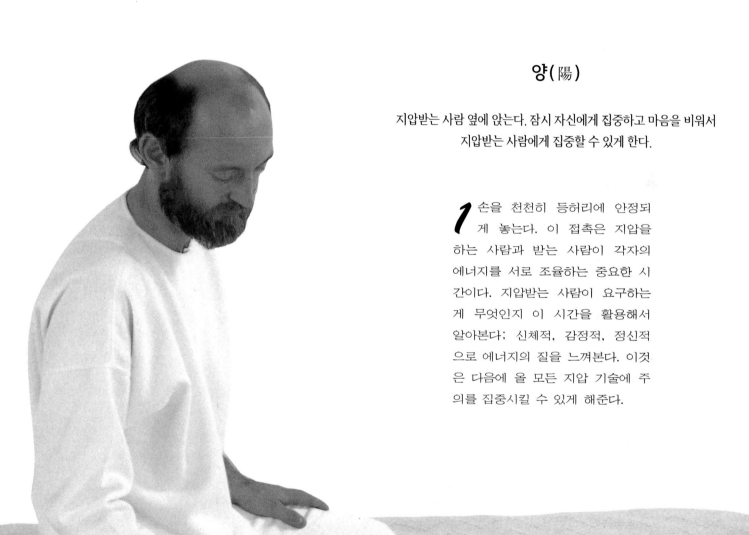

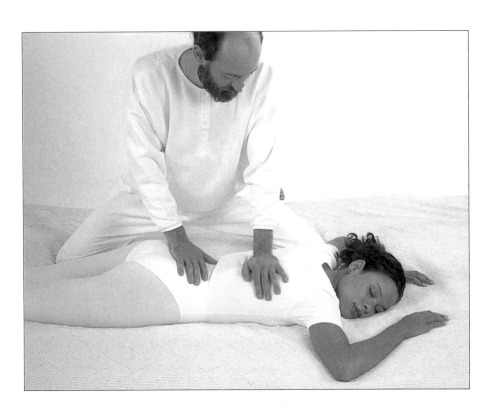

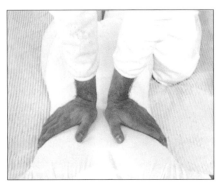

◀ 왼쪽; 이 기술은 긴장을 분산시켜 기의 흐름을 도와준다. 지압받는 이의 몸이 어떻게 움직이는지 보는 것이 좋다. 몸의 어느 부분이 흔드는 데로 움직이지 않는지를 관찰하는 것만으로도 좀더 주의가 필요한 부분을 빨리 진단할 수 있다.

2 몸을 돌려 견갑골과 척추 사이의 공간에 손바닥의 안쪽 끝(두툼한 부분)을 놓는다. 무릎을 벌리고 허리 아랫배의 중심부터 힘을 실어 앞뒤로 흔들기 시작해서 손을 통해 그 동작이 전해지게 한다. 그러면 마사지받는 사람의 몸이 물결치듯 움직인다. 등허리 쪽으로 내려오면서 계속 흔들어 준다. 2~3번 반복하고 척추의 다른 쪽에서 같은 동작을 반복한다.

3 한 무릎에만 몸을 지탱하고 열린 자세를 취한다. 손바닥을 견갑골보다 높지 않게 놓는다. 지압받는 이가 숨을 내쉴 때 몸무게를 앞으로 실어 눌러준다.

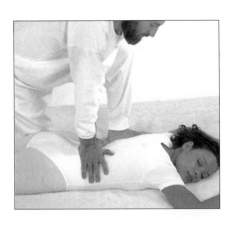

4 매번 손바닥 넓이만큼 움직이면서 등허리 쪽으로 내려간다. 수직으로 힘을 주기 위해 몸의 위치도 같이 움직인다. 갈비뼈 아래쪽으로 내려가면 장이 덜 보호받는 곳이기 때문에 누르는 힘을 조금 약하게 한다.

5 등의 긴장을 풀었기 때문에 신경체계와 구조적, 에너지적 관계를 가진 방광 경선의 위치를 찾아본다. 척추 중심에서 손가락 두 개 넓이만큼 떨어지고 어깨 위에서 한 손 넓이만큼 내려온 곳이다.

6 엄지로 갈비뼈 사이의 그 지점(방광 경선)을 눌러준다. 손바닥보다 엄지 손으로 누르는 것이 훨씬 강하다. 만약 어느 정도 힘을 주어야 적당한지 모르겠으면 지압받는 사람에게 어떻게 느껴지는지 물어본다.

다 리

1 위치를 다리 쪽으로 옮겨 다리를 마주한다. 한 손은 등허리에 놓고 한 손은 허벅지 쪽으로 내려가면서 흔드는 동시에 주무른다. 종아리까지 여러 번 반복한다.

2 다음에는 손바닥으로 다리 아래까지 눌러준다. 무릎 뒤는 누르지 않는다.

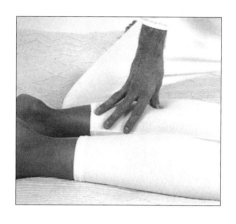

3 방관 경선을 따라 내려가면서 엄지로 눌러준다. 다리 길이에 따라 마사지하는 자세를 조정할 필요가 있다. 몸을 무리하게 뻗을 필요없이 무릎 바로 위의 다른 손을 움직여도 된다.

4 한 손은 등허리에 놓고 다른 손은 다리의 스트레칭 능력을 고려하면서 엉덩이 쪽으로 천천히 다리를 구부린다. 몇 초 동안 잡고 있다가 놓는다.

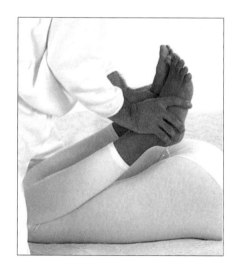

5 두 발을 꽉 쥐고 엉덩이 쪽으로 가져가면서 몇 초 동안 이 자세를 유지하고 골반 균형을 평가하기 위해 어느 발이 엉덩이에 더 가까이 가는지 관찰한다.

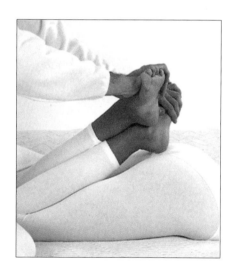

6 한 쪽 발을 다른 쪽 발 끝에 엇갈리게 놓고 숨을 내쉴 때 엉덩이 쪽으로 발을 누른다. 몇 초간 그대로 있다가 발을 바꿔 다시 누른다.

이 동작이 끝나면 다리를 굽히는 능력이 좀더 균등해지고
골반도 좀더 균형이 맞았다는 것을 알게 될 것이다.

다른 쪽으로 자리를 바꿔 다른 쪽 다리에 흔들기, 주무르기, 손바닥으로 누르기, 엄지손가락으로 누르기를 반복한다.

발 지압

발 위를 걸을 때는 누르는 압력이 과하거나 자세의 균형을 잃으면 지압받는 사람이 아플 수 있기 때문에 자세의 균형을 확실히 잡아야 한다. 발 지압은 발을 밟는 사람이나 밟히는 사람이 모두 갑작스럽거나 예기치 않은 동작을 하지 않는 한, 긴장이 잘 풀리고 아주 안전하며 지압하기도 쉽다. 마치 산책을 나간 것처럼 몸을 곧게 세우고 긴장을 푼다. 만약 지압받는 사람의 발목과 바닥 사이가 너무 떨어져 있거나 두 발이 안쪽을 향해 대칭적으로 놓이지 않는다면 이 동작을 하면 안 된다.

1 등을 돌리고 돌아선다. 발에서 발로 몸무게를 옮기며 두 발 위에 선다. 엉덩이를 통해 동작을 조절한다.

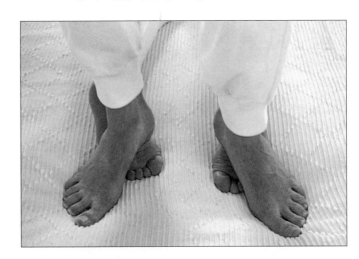

2 한 자세를 유지하고 뒤에서 앞으로 왼쪽에서 오른쪽으로 여러 번 몸무게를 이동한다. 발의 여러 부분에서 반복한다.

이 모든 동작을 할 때 지압받는 사람의 숨쉬기와 표정을 관찰한다. 표정과 숨쉬는 모습을 통해 지압받는 사람이 어떻게 느끼는지 명확하게 알 수 있다. 지압하는 대상이 그냥 몸 자체가 아니라 인간이라는 것을 잊으면 안 된다. 발바닥에 가하는 압력은 반사 지역과 경선을 통해 내장을 자극한다. 발 위를 걷는 것은 정신 노동을 하는 사람에게 특히 좋다.

음(陰)

지압받는 사람이 바닥에 등을 대고 눕도록 도와준다.

이 자세로 눕는 것은 심리적으로, 감정적으로, 육체적으로 열린 상태가 될 수 있지만 아주 무방비 상태로 느껴질 수도 있다.

확신과 신뢰를 주기 위해 지압할 때 이런 상태를 염두에 두어야 한다.

지압받는 사람의 옆에 앉는다. 한 손을 허리에 얹고 다른 한 손은 배의 배꼽 바로 위에 얹는다. 잠시 그 상태로 손을 통해 몸의 리듬을 듣는다. 숨을 들이쉬고 내쉬는 것을 느낀다. 호흡을 맞춘다. 이것은 상호 신뢰를 강화시켜서, 나타날

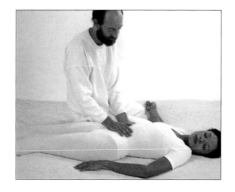

수도 있는 취약함이나 고통을 잘 잡아낼 수 있다. 손바닥을 사용해 시계 방향으로 배를 천천히 쓸어준다. 이 동작을 지압받는 사람이 숨을 내쉴 때에 맞출 수 있다면 점차적으로 좀더 세게 힘을 가해도 된다.

다 리

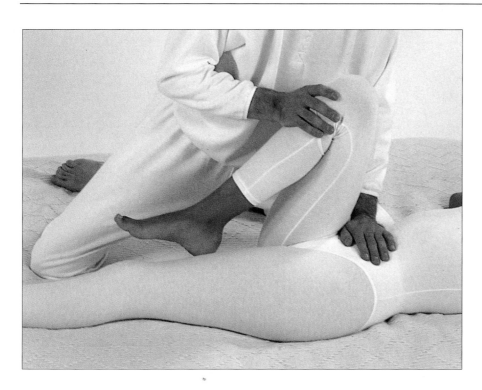

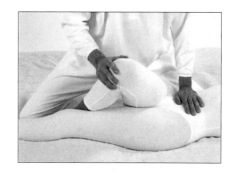

1 마사지 받는 사람을 향해 자세를 바꾸고 우선 단전에 손을 올린다. 다른 손은 무릎 안쪽에 놓아서 손가락이 정강이 밑에서 감싸쥘 수 있게 한다. 상체를 뒤로 젖혀서 몸무게에 의해 다리가 들어올려 지도록 한다. 이 동작에는 큰 힘을 들이지 않는다. 다리가 올라오면 무릎 안쪽에서 정강이 위쪽으로 손을 미끄러지듯 옮긴다.

2,3 고관절에 집중하면서 다리를 몸의 바깥쪽으로 돌린다. 작은 회전 운동으로 시작해서 가능한 한 다리를 풀어주면서 점차 큰 회전으로 변화시킨다.

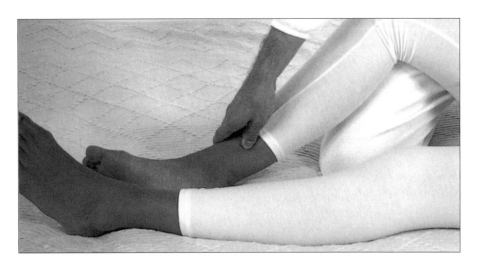

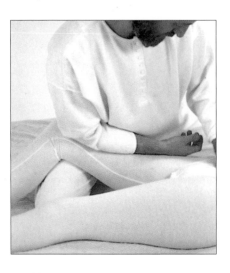

4 발가락이 반대편 다리의 발목 근처에 편안히 오도록 놓는다. 지압하는 사람의 다리나 쿠션을 밑에 놓아 받쳐주어도 된다. 손바닥을 사용해서 무릎까지 '음' 경선을 따라 종아리 안쪽을 쓸어올린다. 엄지손가락을 사용해서 발목부터 무릎까지 종아리를 눌러준다.

5 팔뚝으로 허벅지를 눌러준다. 다리를 다시 한번 돌려주고 발까지 내려온다.

=========== **주의점** ===========

유산 가능성이 있으면 임신 중에 비장 경선에 지압을 하지 않는다. 임신 중에 무릎 아래는 절대로 지압하지 않는다.

================================

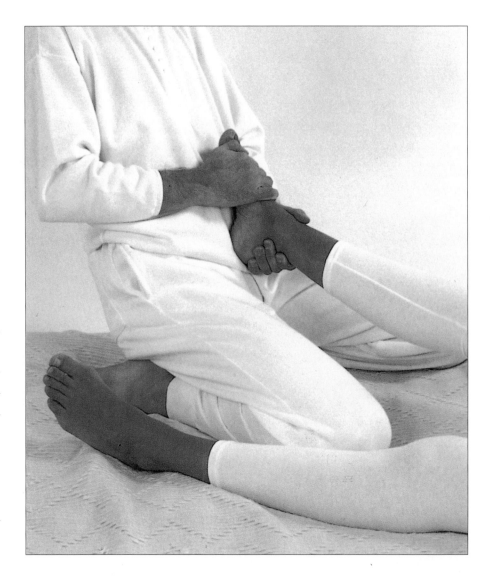

6 한 손으로 발목 아래를 받치고 감싸쥔다. 다른 손을 발목 위에 놓는다. 발바닥을 자신의 단전에 갖다 댄다. 발을 그 상태로 꽉 잡은 채 자신의 몸을 엉덩이부터 회전시킨다. 자신이 움직일 때 마사지 받는 사람의 몸도 함께 움직인다.

다른 쪽 다리에도 모든 동작을 되풀이하고 지압받는 사람의 단전에 손등을 갖다대면서 마무리한다.

어깨, 팔, 손

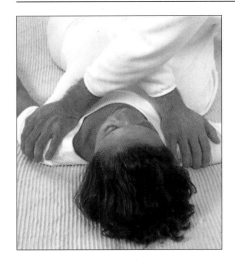

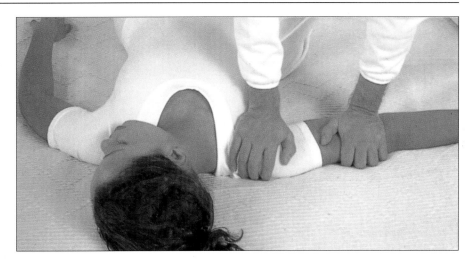

1 무릎 꿇고 일어서서, 한 손을 상대방의 먼쪽 어깨에 놓고 다른 손은 가까운 쪽 어깨에 놓는다. 팔을 엇갈려 잡는다. 상대방이 숨을 내쉴 때 어깨와 가슴이 열리도록 몸을 앞으로 기울여 손에 무게를 실어준다.

2 가까이 있는 어깨를 한 손으로 눌러 흔들리지 않도록 지지해 준다. 다른 한 손으로는 다리를 지압할 때처럼 어깨부터 손까지 부드럽게 팔을 흔들며 주물러 준다. 직각으로 팔을 뻗어 손바닥으로 누르는 자세를 한다. 그리고 나서 팔

꿈치 관절을 누르지 않도록 조심하면서 팔 아래쪽까지 손바닥으로 눌러준다. 팔 중간까지 엄지손가락으로 눌러주고 그 다음에는 심장 보호 경선을 따라 손바닥으로 눌러준다.

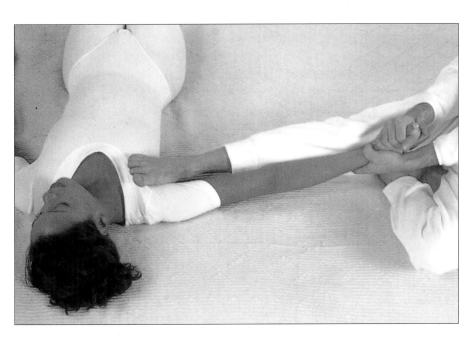

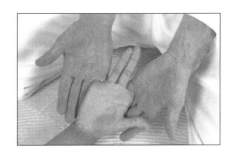

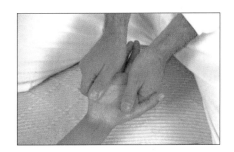

3 손목을 잡고 다리를 쭉 뻗어 상대방의 팔에 평행이 되게 한 후 발을 상체에 편히 댄다.

천천히 몸을 뒤로 젖혀 발로는 상체를 눌러주면서 팔은 자신 쪽으로 쭉 잡아당긴다.

4, 5 손바닥을 스트레칭하기 위해 양쪽 새끼손가락을 상대방의 검지와 새끼손가락 옆에 끼워넣는다. 엄지손가락이 자연스럽게 손바닥 위에 놓이게 하고 회전 동작으로 손바닥을 지압한다.

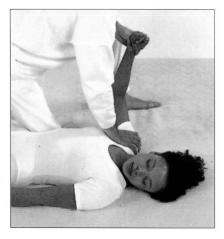

6 보조해 주는 손은 어깨에 얹어 겨드랑이 쪽에 엄지손가락을 넣는다. 손목을 잡고 어깨 관절을 들었다 놓는다.

7 바닥에 놓인 상대방의 팔을 머리 위쪽으로 스트레칭하면서 자신의 바깥쪽 다리를 앞으로 한 발 내민다.

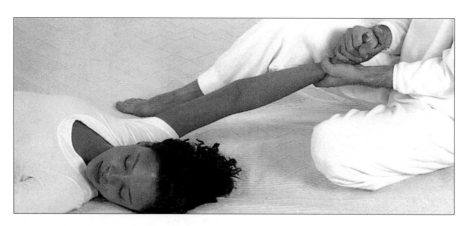

8 머리 위쪽으로 위치를 옮겨 두 손으로 손목을 잡고 상대방의 팔이 스트레칭 되도록 자신의 몸을 뒤로 젖힌다.

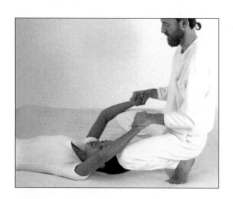

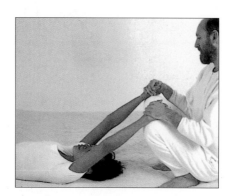

9 상대방의 다른 손도 잡아서 자신의 무릎 위에 상대방의 팔뚝이 놓이게 한다.

10 자신의 몸을 뒤로 젖혀 무릎 위에 놓여진 팔뚝이 손목까지 미끄러지게 한다. 상대방이 숨을 내쉴 때 어깨와 가슴에 아주 효과적인 스트레칭이 된다.

다른 쪽 팔에도 같은 기술을 모두 반복한다 : 스트레칭, 흔들기, 주무르기, 손바닥으로 누르기, 엄지손가락으로 누르기, 손 마사지 하기.

이 지압들을 끝내기 위해 단전으로 되돌아간다. 상대방이 변화된 것을 느끼게 하기 위해 단전에 손을 대고 1~2분 정도 있는다. 필요하면, 담요를 덮어주어도 좋다. 상대방이 변화를 음미하도록 약간의 시간을 준다.

지압의 큰 장점 중 하나는 자기 인식을 일깨우는 것이다. 지압 과정의 정지 순간에 지압을 하는 사람과 받는 사람 둘 다 가장 깊은 통찰력을 갖는다.

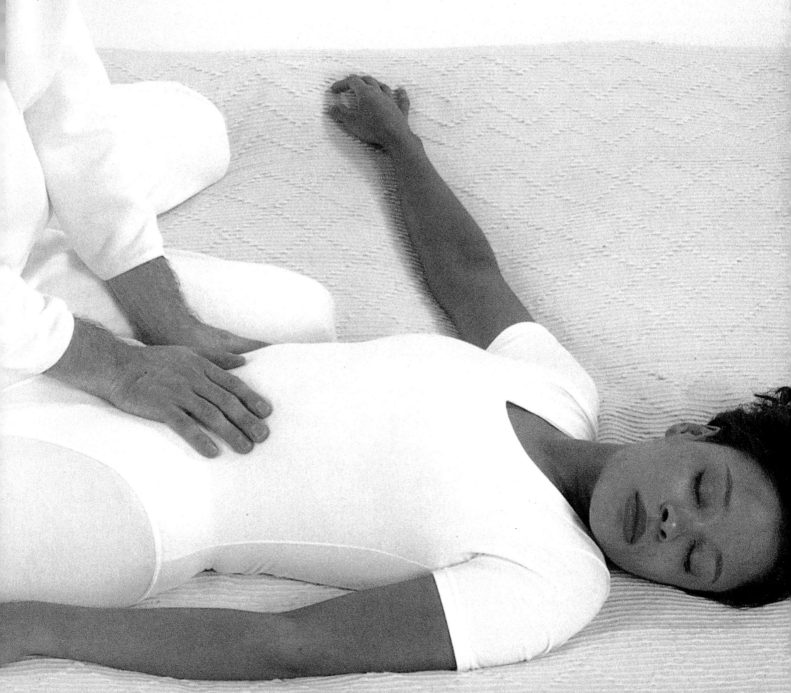

인간의 손길

촉각은 아주 강력하고 민감한 의사 소통의 한 형태이다. 그것은 자신의 외부와 연락을 취하려는 자연스러운 반응이고, 무엇인가의 형태나 조직을 느끼기 위해서든, 다른 사람에게 대답하기 위해서든 만지는 것은 편안하게 해주는 것이다. 엄마는 아기를 껴안고 애완 동물은 쓰다듬어지고 부부는 애무를 한다. 누군가를 만진다는 것은 문화마다 뜻하는 게 다양하다. 공공연하게 만지는 것을 금지하는 많은 사회적 규약이 있다. 영국인들에게 있어 공식적인 악수나 고개를 끄덕이거나 양 볼에 가벼운 입맞춤을 하는 것은 모두 인사의 형태라고 인정한다. 그리고 별다른 감정없이 그런 인사를 한다. 사실상, 다소 공식적으로 하는 육체적 접촉은 우리의 본능이나 욕구와는 상반되는 것이다. 다행히, 우리는 이제 수천 년 동안 다른 문화에서는 이해되었던 마사지의 치유력과 요법을 발견하게 될 것이다.

마사지의 발견

역사상, 초기 이집트인들이 마사지의 장점에 대해 언급하기는 했었지만, 기원전 300년 경 마사지의 치료 효과를 처음으로 인정한 것은 중국인들이다. 로마와 그리스의 철학자들과 의사들은 마사지가 전쟁 후 부상자들 재생에 도움이 된다고 썼다. 로마인들은 마사지가 병을 치료하는데 효험이 있다고 믿기는 했지만, 마사지 기술을 매일 사용했던 것은 긴장 완화를 위해서였다.

역사상 약초 학자들은 몸과 영혼을 치료하기 위해서 마사지를 사용했는데 향유를 바른 후 악령을 쫓고 정신을 맑게 한다고 아픈 부위에 손을 얹었다. 펄 헨릭 링(Per Henrik Ling 1776~1839)의 연구 덕분에 마사지가 유럽 전역에 보편화 된 것은 18세기와 19세기가 되어서 였다. 링은 중국에 여행갔다가 자세한 마사지 기술을 배워온 스웨덴 사람이다. 링은 중국에서 배워온 마사지 기술로 누르기, 문지르기, 흔들기, 돌리기 등을 포함한 자신만의 마사지 체계를 만들었다.

이 풍부한 마사지 지식은 금새 전파되었고 전세계적으로 의학적, 비의학적 직업인들이 마사지의 장점을 연구하기 시작했다. 이렇게 해서 오늘날 마사지의 기초가 만들어졌고 이것은 많은 부분에서 초기 스웨덴의 마사지 기술과 비슷하다.

기본 마사지를 하다 보면 만진다는 것에 큰 의미를 부

여하는 고대 마사지 기술에 큰 관심이 생기게 된다. 이것은 아로마테라피, 발 반사학, 지압을 포함하는데 이 3가지는 모두 대체 의학에서 중요한 역할을 하는 자연 치유법이다.

▼ 왼쪽 아래 : 기원전 4세기 경의 그리스 돌 부조. 의사 애스쿨라피우스가 히포크라테스가 추천한 대로 '문지르기'로 환자를 치료하고 있다.

▶ 오른쪽 : 유럽이 중세를 벗어났을 때 공중 목욕탕에 대한 16세기 독일의 이 목판화가 보여주듯 마사지는 다시 한번 목욕 의식의 일부분이 되었다.

마사지 효과

마사지는 심신을 자극, 이완시킬 수 있다. 피부, 혈액, 림프 체계가 자극받아 순환을 촉진시키고 피부가 재생되며 노폐물을 제거한다. 긴장된 근육이 이완되고 관절의 아픔이 완화되며 신경이 진정되기 때문에 긴장 완화의 모든 느낌과 편안함을 느낄 수 있게 된다.

신경 체계

신경 체계는 뇌로부터 몸의 다른 부분에 메시지를 전달하는 아주 복잡한 그물망이다. 많은 신체 기능을 조절하는 신경 체계의 부분은 두개골을 바탕으로 있는 뇌에서 출발해서 척추 뼈로 보호받는 척추 줄기를 따라 내려간다. 수백 만의 말초 신경은 몸 전체에 퍼져 있고 수많은 방법으로 통제하며 기능한다. 사용되는 마사지 동작에 따라 말초 신경은 자극받거나 진정된다.

피부

마사지를 하면 혈액 순환이 좋아진다. 마사지는 표피의 각질을 제거하고 피부에 생기를 주며 피부의 재생을 돕는다. 마사지는 피부에 탄력과 힘을 주는 콜라겐을 유지시켜 주고 주름을 막아준다. 피부를 윤기있고 촉촉하게 해주는 땀선과 피지선의 활동이 조절된다.

근육

피의 흐름이 좋아져서 핏속의 영양분이 좀더 효과적으로 순환된다. 마사지는 근육 긴장을 풀어주고 제자리를 잡아주고 운동 후 생기는 노폐물을 확실하게 제거해 주기 때문에 운동선수에게 인기가 있다. 규칙적으로 마사지를 하면 근육의 긴장과 뻠이 빨리 치료되고 종아리 경련과 근육 통증이 사라지게 된다. 운동하기 전에 하는 마사지는 근육을 이완시키고 준비 운동을 시켜준다. 운동한 후에 하는 마사지는 근육의 통증을 덜어준다.

순환과 림프 체계

마사지는 혈관을 확장시킴으로써 혈액 순환을 돕는다. 좋은 순환 시스템이란 산소와 영양분을 포함한 피의 구성분이 수억 개의 피부 세포 하나하나에 효과적으로 공급되는 것을 뜻한다. 이것은 근육부터 신장과 같은 내장 기관까지 온 몸의 건강 기능에 있어 아주 중요하다. 동시에 혈액 순환의 증진은 노폐물을 제거해 주는 림프 시스템을 활발하게 움직이게 해준다. 심장에서 뿜어 나와 온 몸을 돌게 되는 혈액 순환과는 달리 림프 시스템은 그 자체의 펌프 기관이 없기 때문에 근육 운동에 그 흐름이 의존된다. 마사지는 몸으로부터 노폐물을 효과적으로 걸러내어 제거하는 림프의 흐름을 빠르게 해주는 중요한 수단이다. 효과적인 림프 시스템은 몸에 감염과 질병에 대항할 강한 면역 체계를 제공한다.

소화

마사지는 소화 시스템의 움직임을 활발히 해서 흡수 배설 과정이 좋아지고 변비나 가스 제거에 도움을 준다. 소화 시스템은 스트레스에 민감하게 반응하기 때문에 불안과 긴장을 줄여 주는 규칙적인 마사지는 소화 기능에 도움을 준다.

기본적인 마사지 기술

많은 사람들이 마사지라고 하면 금욕주의 비만 센타에서 종종 보여지는 주먹으로 치고 때리는 마사지를 떠올린다. 사실상, 안정된 마사지는 그런 불편한 동작을 하지 않고도 좋은 효과를 볼 수 있다. 긴장과 근육 통증은 풀어주면서도 몸에 활기를 되찾아 주는 부드러운 쓰다듬기를 사용해 마사지한다. 스웨덴 식 마사지에는 4가지 기본 동작이 있다. 단계적으로 전신 마사지를 시작하기 전에 이 4가지 기술을 익힌다.

에플뤄라지 (부드럽게 쓰다듬기)

에플뤄라지는 손바닥(마사지 하는 부위가 작으면 손가락으로)을 사용해서 이완시키고 쓰다듬는 동작이다. 이 동작은 종종 몸에 골고루 오일을 바른 후 실시된다. 한 손만 사용해서 마사지해도 되고 한 손은 몸 위에 얹어 보조로 사용해도 되는데, 두 손을 동시에 사용하거나 두 손을 번갈아 사용해도 된다. 쓰다듬기는 마사지를 시작할 때 사용되고, 말초 신경을 이완시켜 주고, 마사지 받는 사람이 마사지 하는 사람의 손길에 익숙해지는

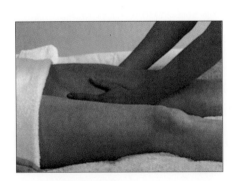

손의 긴장을 풀고 몸의 윤곽에 맞춰 손을 갖다 댄다. 혈액 순환과 림프 순환을 돕기 위해 심장쪽으로 쓰다듬기를 할 때 약하게 힘을 주어 누른다. 심장에서 멀어지는 방향으로 쓰다듬기를 할 때는 좀더 세게 누르면서 돌아온다. 이 동작들은 느리고 지속적이어야 한다. 마사지 사이에는 상대방의 몸에서 손을 떼지 않는다.

데 도움이 된다. 긴장 완화를 위해 마사지가 끝날 때도 다시 사용된다. 마사지 사이사이 쓰다듬기 동작은 좀더 자극적인 마사지 동작들 사이를 부드럽게 연결시켜 주는 중요한 역할을 하고 몸의 새로운 부분에 마사지를 시작할 때 시작을 위해 사용된다. 다음에 무슨 동작을 해야 할지 망설여질 때도 잠시 쓰다듬기 동작을 하면 그 사이에 지속성이 유지된다. 쓰다듬기 동작을 여러 번 되풀이한다. 매번 시작할 때는 아주 약하게 해서 조금씩 힘의 강도를 높여 간다. 허벅지나 등처럼 근육이 큰 곳은 좀더 자극적인 효과를 위해서 누르는 힘을 가장 세게 한다.

페트리사지 (주무르기)

페트리사지는 피부와 근육을 주무르고, 말고, 집어 올리는 다양한 방법을 포함하는 많은 동작을 뜻한다. 이 동작들은 깊은 피부층까지 자극함으로써 그 구조를 강화시키고 그 부분에 피의 공급을 늘려준다. 또한 림프액의 흐름도 향상시킨다. 일반적으로 하나의 근육조직, 또는 개별적인 하나의 근육에 마사지가 동시에 이루어진다. 기본적인 주무르기는 밀가루 반죽을 주무르는 것과 아주 비슷하다. 좀더 강한 주무르기가 피부 안쪽 깊이 있는 근육을 마사지하는 반면 맨 바깥층을 주무르는 가벼운 주무르기는 긴장된 근육을 풀어주고 뭉친 근육을 풀어주어 노폐물 제거를 돕는다.

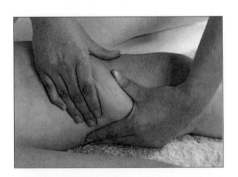

주무르기를 하기 위해서는 손끝을 세우고 시작한다. 손바닥으로는 누르고 엄지와 다른 손가락 사이에 살을 쥐고 다른 손쪽으로 쥐고 있는 살을 민다. 처음에 살을 쥐었던 손을 놓으면 다른 손으로 살을 쥐고 처음에 살을 쥐었던 손쪽으로 다시 민다. 손을 바꿔가며 잡았다 놓는 동작을 되풀이하면서 지속한다.

프릭션 (마찰)

마찰 또는 결합 조직 마사지는 엄지손가락, 손가락 끝, 손가락 관절을 사용해서 특히 근육이 긴장된 곳을 세게 눌러주는 회전 운동이다. 이 마사지는 등의 당김이나 근육 경련이 있는 부분에 집중적으로 할 수 있는 좋은 기술이다.

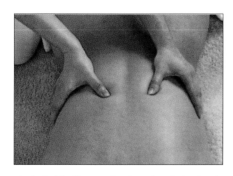

회전 동작을 할 때 피부 밑 조직이 움직이는 것을 실제로 느껴야 한다; 단지 피부 위만 마사지하는 것이 아니다. 원을 그리며 문지르는 회전 동작의 변형 동작은 가만히 누르고 있는 것이다. 점차적으로 근육 안쪽으로 몸의 힘을 실어주다가 회전 동작을 멈추고 힘을 천천히 세게 한다. 몇 초간 누르다가 천천히 힘을 뺀다.

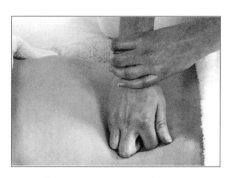

다른 마찰 동작은 손 관절을 이용한다; 잔 물결이 이는 듯한 회전 운동을 하기 위해 느슨하게 주먹을 쥐고 손가락 관절을 이용한다. 이것은 척추 양엽 부분과 다른 곳의 긴장을 풀어주는데 사용한다. 척추뼈 바로 위에서는 사용하지 않는다.

터포트먼트 (가볍게 두들기기)

가볍게 두들기기는 빠르고 자극적이다. 두들기기 동작에는 흡각법(커핑 cupping), 치기(해킹 hacking), 계속 치기(파운딩 pounding)가 포함되는데 이 모든 동작은 아프게 하는 것으로 보이지만 제대로 실행되면 절대 멍이 들거나 아프지 않다(뼈 위나 부러진 곳 혹은 정맥류 위에는 이 동작들을 하지 않는다). 모든 동작에서 손과 손목의 힘을 뺀다. 모든 두들기기 동작은 빠르고 세밀한 동작으로 한 손의 동작이 끝나면 재빨리 다른 손을 갖다 댄다. 시작할 때 상대방에게 적절한 세기로 두들기는지 꼭 물어봐야 한다. 이 마사지 과정은 혈액 순환을 촉진시키고 처진 피부와 근육을 강화시킨다. 두들기기는 셀룰라이트가 생기기 쉬운 허벅지와 엉덩이 같은 부드러운 피부 조직을 조여 준다.

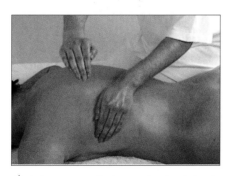

흡각법(cupping)을 하기 위해서는 손을 약간 구부리고 손가락을 쭉 뻗은 후 손가락 관절만 약간 구부려서 벌어진 컵 모양을 만든다. 손가락을 너무 많이 구부리지 않는다. 컵 모양으로 만든 손바닥을 사용해서 탄력있고 세차게 손을 재빨리 바꿔가며 살 위에 두들기기를 한다. 빠른 커핑 동작은 피부를 빨아올린다. 이 동작을 등과 엉덩이, 허벅지에 한다.

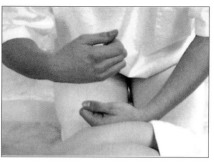

계속 치기 동작(pounding)을 하려면 주먹을 느슨하게 쥐되 손목의 힘은 뺀다. 손목은 두 가지 방식으로 사용할 수 있다 : 주먹을 슬쩍 쥐고 주먹 바깥쪽 끝부분으로 치거나 손관절의 앞부분으로 친다. 어느 방법이든 그 동작의 속도와 리듬은 같다; 너무 세게 때려지는 말고 손을 바꾸어 가며 활기차게 두드린다. 다시 한번, 몸의 살이 많은 부분 특히 엉덩이, 허벅지 같이 셀룰라이트가 있는 부분에 마사지한다.

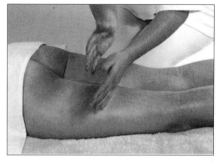

치기(hacking)에서 손의 바깥쪽 날은 재빨리 손을 바꿔가며 칠 때 마사지 부위를 자극하기 위해서 사용된다. 몸의 살이 많은 곳에 리듬감 있고 빠르게 마사지하는 활기있고 세찬 동작을 해야 한다. 손목과 손가락의 힘을 완전히 빼고 손가락보다는 손바닥 날을 사용한다. 엉덩이와 허벅지 위에 치기 동작을 하면 근육이 강화되고 림프액이 분산된다.

이 세찬 동작들 사이에 부드러운 에플뤄라지 동작을 넣는다. 그리고 편안하다고 느끼는 한 해킹 동작과 파운딩 동작을 다시 해준다.

전신 마사지

여기 소개된 전신 마사지는 종합적인 것인데 스웨덴 식 마사지 기술에 기본을 둔 머리에서 발 끝까지 다룬 과정이고 집에서 할 수 있도록 특별히 조정된 것이다. 초보자는 우선 전 과정이 너무 피곤하다고 느낄 수도 있다. 손과 손목에 힘이 생기고 마사지하는 자세에 익숙해질 때까지 다리 뒤, 등, 어깨 같은 몸의 몇몇 부분만 마사지 하거나 몸의 각 부분에 한 두 동작만 하는 것이 좋다. 모든 단계를 다 하려고 몇 초간 멈췄다가 하는 것보다는 한 두 동작이라도 끊김 없이 완전히 해내는 것이 마사지 받는 사람을 편하게 해준다. 마사지의 시작과 끝에는 항상 에플뤄라지를 하고 반드시 균형잡힌 마사지를 해야 한다 - 즉, 한 쪽 팔이나 다리를 마사지 했을 경우, 다른 쪽 팔이나 다리도 똑같은 마사지를 되풀이 해주어야 한다.

마사지를 편안하게 하기 위한 준비와 옷 입기

바닥에서 마사지를 하려면 두꺼운 담요나 수건 또는 요를 깔고 마사지 받는 사람에게는 딱딱하고 편한 쿠션을 받쳐준다. 바닥이 너무 딱딱하거나 방이 춥거나 시끄러우면 긴장을 완화시키기가 어렵다. 방해받고 싶지 않으면 조용한 시간을 택한다. 마사지를 받는 사람을 위해서는 생각보다 좀더 따뜻한 방이 좋다. 바닥에서 마사지를 받는 것이 받는 사람에게는 아주 편안할 수 있지만 하는 사람의 등과 무릎에는 긴장을 줄 수 있기 때문에 큰 탁자 위에 쿠션을 깔아 준비해도 된다. 침대에서 마사지 하는 것은 별로 좋지 않다 - 부드러운 매트리스가 마사지를 방해하기 때문이다. 마사지하지 않는 부분을 덮어주기 위해 수건을 여러 장 준비한다. 겸손하게 대하는 것이 받는 이의 긴장 완화에 도움이 된다. 수건으로 마사지 받는 사람을 계속 따뜻하게 해준다. 몸을 덮어주기 위해 자신의 근처에 수건을 옮겨 놓는다. 특히 마사지가 막

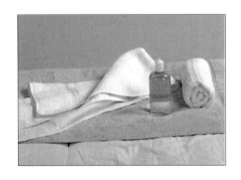

끝난 부분을 덮어준다. 머리를 받쳐주기 위해 쿠션이나 수건이 필요하고 마사지 받는 사람이 누웠을 때 무릎 밑에 수건을 말아서 놓아주면 좋다. 이것은 등허리 부분의 긴장을 완화시키는 데 좋다. 마사지 할 때는 헐렁한 옷을 입고 신발은 바닥이 부드럽고 굽이 없는 신발을 신거나 맨발로 한다. 반지나 액세서리는 빼고 손톱은 짧아야 한다. 마사지 하는 사람의 긴장이 풀어질수록 좋다. 긴장이 되면 마사지를 시작하기 전에 깊고 규칙적인 숨쉬기를 한다. 스트레칭을 하고 손을 흔들어 긴장을 풀면 준비가 된다.

오일

바디 마사지에 적합한 여러 가지 오일이 있다. 베이비 오일 같은 미네랄 오일보다는 식물성 오일을 사용하도록 한다. 유분이 적어서 별로 끈적이지 않는 기초 식물성 오일인 그레이프 시드나 썬플라워, 아몬드 오일이 좋다. 호호바 오일은 얼굴에 좋은데 특히 지성 피부일 경우 아주 좋다. 올리브 오일처럼 냄새가 아주 강한 오일도 피한다. 아보카도나 아프리코, 피치커넬 오일을 약간 섞어서 사용하거나 혼합 마사지 오일을 사용해도 된다. 마사지를 시작하기 전에 접시나 작은 그릇에 마사지 오일을 3~4 테이블 스푼(45~50ml) 덜어 놓는다. 어느 정도의 오일을 사용해야 하는지 금새 익숙해 질 것이다. 오일의 양은 피부가 얼마나 건조한지에 따라 달라지고 피부가 얼마나 오일을 흡수하는지에 따라 달라진다. 그러나 일반적으로, 너무 많이 바를 필요는 없고 손이 피부 위를 미끄러져서 마사지 동작이 용이할 정도면 충분하다. 마사지 하는 동안 오일이 더 필요하면 손바닥에 약간 바른 후 에플뤄라지 동작을 해준다.

주의점

정기적으로 기초 마사지를 주고 받는 것은 하는 사람에게나 받는 사람에게 아주 즐거운 일이다. 그러나 특별히 몸에 문제가 있을 때는 훈련받은 마사지 기술자에게 마사지를 받아야 한다. 척추 뼈 바로 위에는 마사지를 하지 않는다. 척추 뼈 양쪽 옆 부분을 마사지하는 것은 괜찮고 몸에도 좋지만 척추 뼈 바로 위를 마사지하는 것은 피해야 한다.

마사지가 적합하지 않은 경우가 있다. 다음 경우일 때는 마사지를 하지 않는다.

*심장병
*고혈압
*박테리아나 바이러스 감염
*구토나 복부 통증
*척추로 인한 심한 등 통증, 특히 팔 다리에 욱신거리는 아픔이 있을 때
*열이 있을 때
*상처가 아물지 않았거나 피부 감염이 있을 때
*수술 후 회복기

조금이라도 의심스러우면, 우선 의사와 상담한다.

전신 마사지 과정

몸의 앞 부분;

1. 다리   2. 발과 발목
3. 팔과 손   4. 가슴, 어깨, 목
5. 얼굴   6. 배, 허리

몸의 뒤 부분;

7. 다리   8. 등, 어깨

몸의 앞면

전신 마사지는 몸의 앞면부터 시작한다.
그러므로 마사지 받는 사람은 얼굴을 위로 하고 눕고 받침이 필요한 곳에는 쿠션이나 수건을 말아 받쳐준다.

다리

다리는 온 몸의 체중을 지탱하기 때문에 우리 몸 중 다리 근육과 뼈가 가장 크고 강하다. 좋은 다리 마사지는 다리의 긴장을 풀어줄 뿐 아니라 온 몸을 편안하게 해준다. 다리에 문제가 있을 때 등에 통증이 생긴다는 것은 알려져 있고 다리를 잘 마사지하면 등의 통증을 덜어줄 수 있다. 다리 마사지는 혈액 순환과 림프 시스템을 자극한다. 그리고 규칙적으로 다리 마사지를 하면 정맥류가 예방된다. 무릎 뒤와 서혜부의 림프절을 마사지해 주면 아래쪽 다리의 뭉침은 사라진다. 다리가 부은 경우에는 아주 약하게 마사지한다. 허벅지 주위처럼 큰 근육 위에서 다리 마사지를 하면 피로가 풀어지고 정체된 림프 시스템도 자극하게 된다. 정강이나 무릎처럼 뼈가 있는 부분은 가볍게 마사지한다.

═══ 정맥류 ═══

마사지 받는 사람이 정맥류가 있다면 주의해야 할 점이 있다. 정맥류 위를 주무르거나 누르지 말고 정맥류가 있는 부분보다 좀더 위쪽 부분의 다리만 마사지한다 (심장에 가까운 부분만 마사지 한다); 정맥류 핏줄 바로 위나 아래쪽은 마사지하지 않는다.

에플뤄라지(부드럽게 쓰다듬기)

1 아래 ; 왼쪽 발목 옆에 무릎을 꿇고 앉는다. 손바닥에 오일을 약간 바르고, 오랫동안 여러 번 쓰다듬기 동작을 할 준비로써 발목 위에 손을 엇갈려 놓고 시작한다. 다리에 유난히 털이 많거나 건조하면 오일이 좀더 필요하지만 처음에 너무 많이 덜지는 않는다.

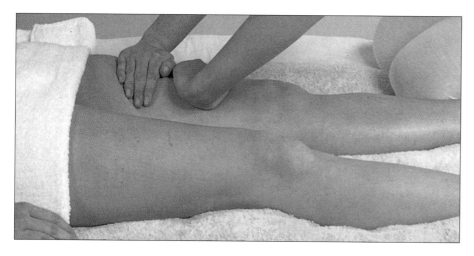

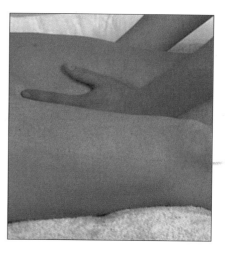

2 손을 엇갈린 상태로 유지하면서 위쪽으로 손바닥을 쭉 민다. 한 번에 무릎을 지나 허벅지까지 오일이 다리 앞면에 골고루 발라지도록 쓸어주는 동작이다.

3 엉덩이 양 바깥쪽에 손을 놓았다가 손을 따로따로 한 허벅지 양쪽에 감싸듯 놓는다.

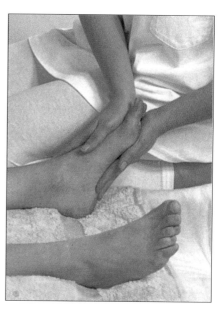

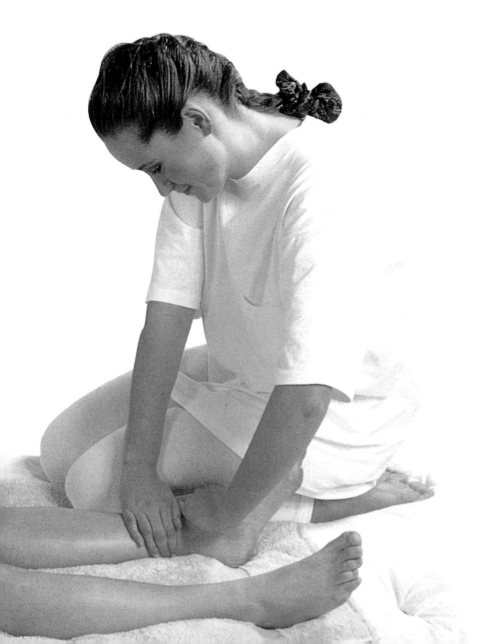

4 손으로 발목까지 다시 쭉 쓸어 내려서 발등 위와 발가락까지 쓸어준다. 그리고 나서 손을 다시 발목 위에 엇갈려 놓고 그 모든 동작을 반복할 준비를 한다. 필요하면 오일을 조금 더 쓰고, 이번에는 위쪽으로 쓰다듬을 때 약간 더 강하게 눌러준다. 이 마사지는 처음부터 끝까지 부드럽고 지속적이다. 다리 전체에 이 과정을 다시 한 번 반복한다.

허벅지

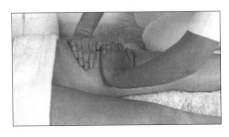

1 두 손을 무릎 바로 위에 놓고 위쪽 허벅지를 향해 근육을 세게 누르면서 두 손을 함께 움직인다. 근육이 움직이는 것을 볼 정도로 충분한 힘을 가한다.

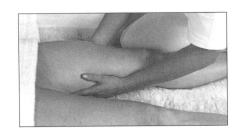

2 허벅지 위에서 손을 따로 떨어뜨려 허벅지 양쪽 옆에 놓고 가볍게 누르면서 무릎까지 내려온다.

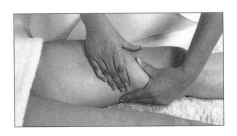

3 두 손으로 안쪽 허벅지를 주무르기 시작한다. 허벅지 근육을 꽉 쥐었다가 놓고, 잡아서 들어 올렸다가 한다. 허벅지 위와 바깥쪽도 계속 주무른다.

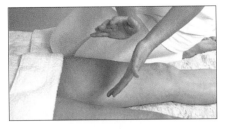

4 허벅지 위 전체를 손바닥으로 치는 해킹 동작을 한다. 손을 재빨리 바꿔가며 손바닥의 바깥날로 허벅지를 친다. 짧고 예리한 동작을 사용한다. 빠르게 반복한다.

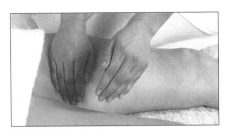

5 허벅지 위에 커핑 동작을 빠른 속도로 계속한다. 커핑 동작의 소리가 무척 크겠지만 너무 세게 두드리면 안 된다.

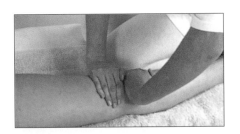

6 손으로 허벅지 바깥쪽을 쓸어주고 다시 무릎 뒤로 되돌아가며 무릎부터 허벅지 위쪽까지 에플뤄라지 동작을 한다. 이 동작은 자극적인 동작 뒤에 허벅지를 진정시켜준다.

에플뤄라지(부드럽게 쓰다듬기)

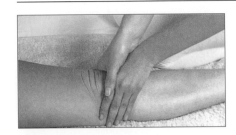

1 무릎 바로 밑에 두 손을 놓는다. 근육 안쪽을 부드럽게 마사지하기 위해 손가락 끝을 사용해서 무릎뼈 주위를 가볍게 마사지한다. 세 번 반복한다.

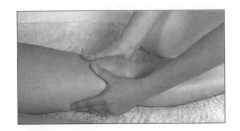

2 무릎뼈 위에 엄지손가락을 놓고 손은 무릎 아래를 받쳐준다. 무릎뼈 주위를 아래쪽으로 내려오면서 원을 그려준다. 무릎 위로 돌아가 세 번 반복한다.

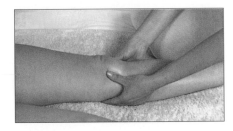

3 오른쪽 : 무릎 위로 손을 들어올린다. 엄지손가락과 다른 손가락으로 근육을 살짝 잡고 무릎 뼈 주위를 마사지한다. 무릎뼈 주위 전체를 부드러운 회전 동작으로 마사지한다. 다른 손으로 마사지하는 손의 손목을 받쳐주면 마사지 하기가 좀더 쉽다.

발목부터 무릎뼈 아래까지 다시 무릎에서 발목까지 쓸어주는 에플뤄라지 동작을 해준다. 여러 번 반복한다.

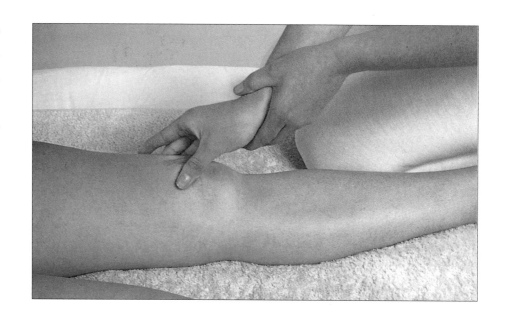

종아리

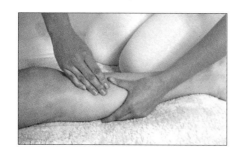

1 종아리 근육을 주무른다. 발목부터 무릎까지 종아리 근육을 꽉 쥐었다가 놓는다.

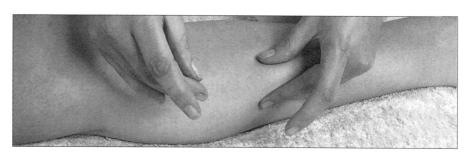

2 손을 번갈아가며 종아리 살을 가볍고 빠르게 꼬집는다. 꼬집는 느낌이 들기는 해야 하지만

너무 세게 꼬집지는 않는지 마사지 받는 사람에게 물어본다.

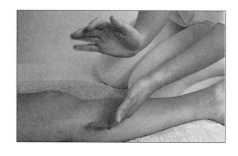

3 두 손의 바깥쪽 날을 사용해서 번갈아가며 리드미컬하게 종아리 근육을 쳐준다. 위로, 아래로 종아리 전체를 마사지 해주는데 정강이 뼈는 치지 않는다. 짧고 재빠른 해킹 동작을 유지한다.

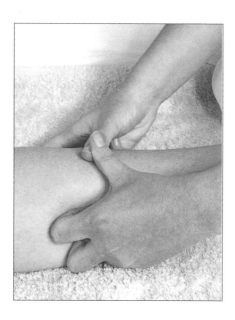

4 왼쪽 : 지탱해 주기 위해 정강이뼈 위에 엄지손가락을 엇갈리게 끼워 놓고 발목부터 시작한다. 손가락 관절을 느슨하게 굽혀서 종아리의 위 아래를 오가며 반원의 주무르기 동작을 한다.

발목부터 허벅지까지 에플뤄라지 동작을 하면서 다리 마사지를 끝낸다.

발과 발목

다리 마사지 이후 하는 발 마사지는 특히 긴장 완화에 좋다. 불안과 스트레스를 덜어주고 순환과 신경체계를 자극하며, 불면증 해소에 도움이 되고 피곤하고 나른하게 느끼는 사람에게 활기를 불어넣어 준다. 발, 특히 발바닥에는 수천 개의 말초 신경이 있다. 발목의 유연성을 높이기 위해 발목도 함께 마사지한다. 부드러운 마사지가

전반적인 긴장 완화에 도움이 되는 반면 세게 누르는 것은 활기를 준다는 것을 기억하면서 마사지 받는 사람의 상태에 따라서 누르기 강도를 조절한다. 발 마사지를 할 때는 오일을 아주 조금만 사용해야 손이 미끄러지거나 간지르지 않게 된다. 발에 열이 있고 끈끈하면 오일 대신 파우더를 발라준다.

발 마사지를 시작하기 전에 무릎 주위 근육과 허리의 긴장을 풀어주기 위해 무릎 밑에 수건을 말아서 놓음으로써 무릎을 높여준다.

발과 발목

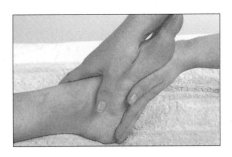

1 발 옆에 무릎을 꿇고 앉는다. 발목에 손을 얹고 발가락 끝 쪽으로 천천히 손이 미끄러지게 한 후 발을 놓는다. 여러 번 반복한다. 오일을 사용한다면 이번 마사지에서 사용한다.

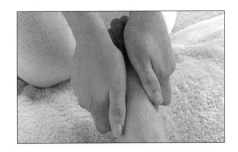

2 손의 안쪽 끝을 사용해서 발등을 스트레칭 해준다. 스트레칭을 하기 위해서는 발의 양 옆쪽으로 손의 안쪽 끝을 사용해 끌어당긴다. 발 아래쪽으로도 좀더 내려가면서 여러 번 반복한다.

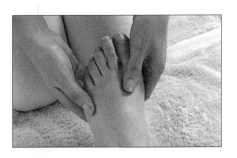

3 두 손으로 발을 잡고 각 힘줄 사이의 골을 찾는다. 그리고 발목 쪽으로 엄지손가락을 사용해 작은 원을 그리며 힘줄을 마사지한다.

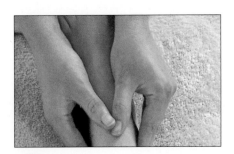

4 발목 위에 엄지손가락을 엇갈려 놓는다. 손가락을 이용한 가벼운 회전 동작으로 발목뼈 둘레를 마사지한다.

5 부드럽게 마찰이 되도록 손가락으로 발가락을 가볍게 톡톡 두드린다.

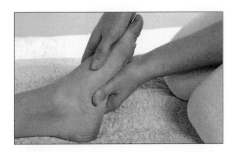

6 발을 꽉꽉 주무른다. 특히 발바닥의 쑥 들어간 아치 부분을 잘 눌러준다. 손바닥의 안쪽 끝 부분, 손관절, 엄지손가락 같이 손의 각각 다른 부분을 이용한다.

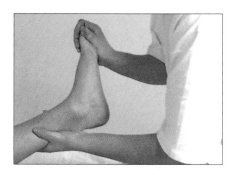

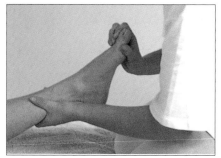

7, 8 왼손으로 다리 아래 부분을 받치고 오른손으로는 발끝을 잡는다. 오른쪽과 왼쪽으로 각각 3번씩 발목에 무리가 가지 않게 3번씩 돌려준다.

9 오른쪽 ; 힘줄의 긴장을 풀고 유연하게 하기 위해서 발을 앞쪽과 뒤쪽으로 부드럽게 스트레칭 해준다. 한 손으로 다리 아래를 받치고 다른 손으로 발끝을 잡아 발을 부드럽게 밀어준다. 반대 방향으로 스트레칭을 하기 위해 발등에 손을 얹고 다른 한 손으로 다리 아래쪽을 잡은 채 발을 아래로 누른다.

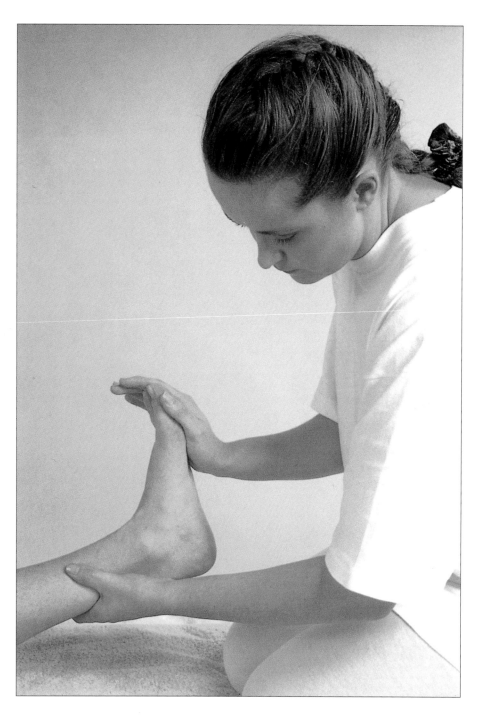

10 발과 발목 마사지는 에플뤼라지 동작으로 마친다. 발등부터 다리까지 다시 다리부터 발등까지 쓰다듬기를 한다. 누르는 힘을 달리 해주면서 여러 번 반복한다.

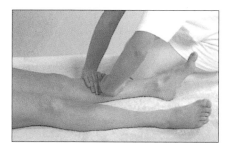

반대편에 가서 다른 쪽 다리 옆에 무릎 꿇고 앉는다.
다른 쪽 다리 앞면과 발에 전 과정을 반복한다.

팔과 손

팔과 손은 감정을 숨길 수 있는 가장 강력한 수단이다. 팔짱을 단단하게 낀 팔과 손은 종종 불안정, 자기 방어, 풀리지 않은 화를 나타낸다. 그 자세가 의도적인 것이든 잠재의식에 의한 것이든 팔의 긴장은 두통, 목 통증을 일으킬 수 있고 어깨를 아프게 할 수 있다. 마사지 받는 사람의 팔이 가늘고 뼈만 남아 있을지라도 마사지를 단념하지 말아야 한다. 아무리 가늘어도 중요한 근육은 남아 있다. 손

마사지는 발 마사지와 거의 비슷한 수준으로 좋은 느낌을 준다. 손에는 많은 긴장이 숨어 있다 ; 마사지는 손의 긴장을 풀어줄 때 느낌이 어떤지 상기시켜 준다. 팔과 손의 마사지는 근육만 풀어주는 것이 아니라 마사지 받는 사람이 자유로워지는 기분을 느끼기 시작함에 따라 울적한 기분도 사라지게 한다.

팔

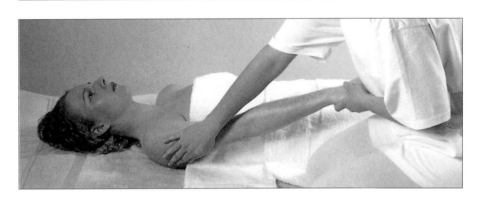

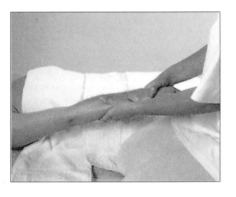

1 마사지 받는 사람의 오른쪽 중간쯤에 무릎 꿇고 앉는다. 왼손으로 손목을 잡고 에플뤄라지 동작으로 가볍게 오일을 바른다. 손목부터 시작해서 어깨 부근까지 올라가면서 쓸어주고 다시 내려온다. 3번 반복한다.

2 손을 바꿔 오른손으로 손목을 잡고 왼손으로 손목부터 어깨까지 쓰다듬고 다시 손목까지 내려온다. 여러 번 반복한다.

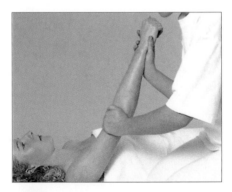

3 팔을 들어 자신의 오른쪽 어깨 위에 놓고 주무를 준비를 한다. 오른손으로 손목을 잡아 지탱하고 왼손으로 팔의 상반부 근육을 가볍게 주무른다. 팔꿈치부터 어깨까지 마사지한다.

4 어깨에 손을 계속 얹은 채 두 손의 손가락으로 주무르기를 계속한다.

5 오른손으로 가슴 앞에 뻗은 팔을 계속 잡고 팔꿈치부터 어깨까지 쓰다듬는다. 다시 어깨에서 팔꿈치까지 내려오며 쓰다듬는다. 3번 반복한다.

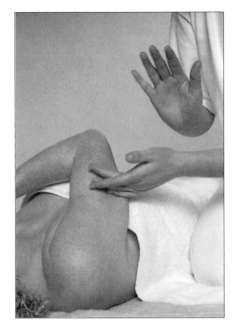

6 마사지 받는 이의 오른팔을 구부려 왼쪽 어깨에 오른손이 놓이게 한다. 손의 바깥날을 사용해 팔의 바깥쪽 아래 부분을 짧고 세게 해킹 동작을 한다.

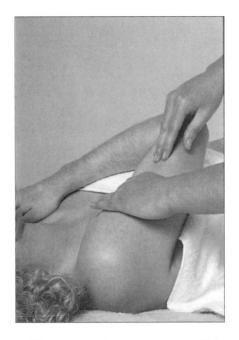

7 팔을 계속 구부려 둔 채 왼손은 팔을 잡고 있고 오른손으로는 팔의 상반부를 세게 주무른다.

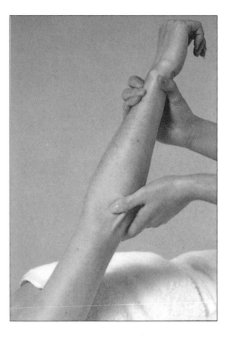

8 오른손으로 팔목을 잡고 왼손의 손가락을 이용해 팔꿈치의 바깥 부분을 부드럽게 회전 동작을 하면서 마사지한다. 팔꿈치는 특히 건조하기 때문에 오일을 좀더 발라준다.

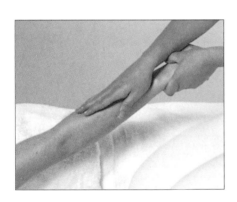

9 긴장을 좀더 풀어주려면 왼손으로 손목을 잡고 팔뚝 위를 위 아래로 쓰다듬는다. 세게 누르면서 쓰다듬는다.

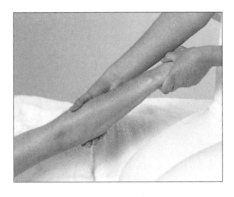

10 팔뚝 안쪽에 에플뤄라지를 계속 한다.

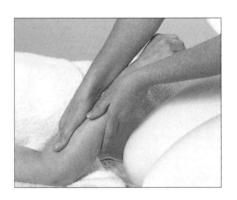

11 수건 위에 팔꿈치를 놓는다. 왼손으로 팔 아래쪽의 무게를 지탱하고 오른손으로 손목부터 시작해 팔 안쪽을 주무른다. 팔꿈치까지 주물렀을 때 손목까지 미끄러지듯 돌아가서 다시 시작한다. 3번 반복한다.

에플뤄라지 동작으로 팔 마사지를 끝내고
다른 팔의 마사지를 시작하기 전에 손과 손목을 마사지한다.(다음 페이지를 보시오)

손과 손목

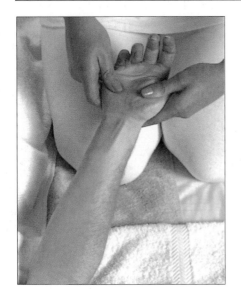

1 두 손으로 손을 받치고 엄지 손가락으로 손바닥을 부드럽게 주무른다. 엄지로 번갈아 누르면서 지속적인 회전 동작을 한다.

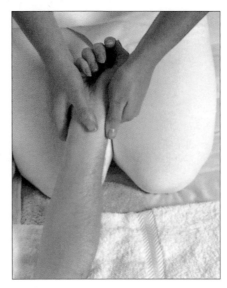

2 손목 밑에 손을 놓고 엄지손 가락을 이용해 손목의 바깥쪽 으로 문지른다. 그리고 나서 팔뚝 안쪽을 팔꿈치 쪽으로 올라가면서 엄지로 마사지한다. 회전 동작을 한 다.

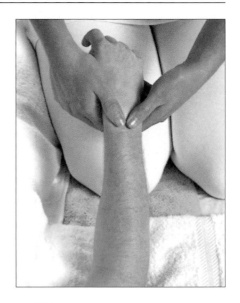

3 마사지 받는 사람의 손을 뒤 집고 자신의 두 손으로 손목 을 받친다. 엄지로 손목 위를 부드 럽게 마사지한다.

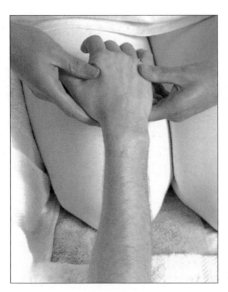

4 엄지손가락으로 손등의 힘줄 사이를 마사지한다. 관절부 터 손목까지 가볍게 작은 원을 그리 듯이 한다. 각각의 힘줄 사이를 두 번씩 반복한다.

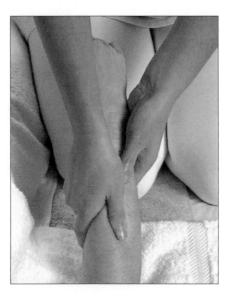

5 손목에서 팔꿈치를 향해 위쪽 으로 손을 번갈아가며 쓸어낸 다. 손의 안쪽 날로 힘주어 누르면 서 마사지한다. 여러 번 반복한다.

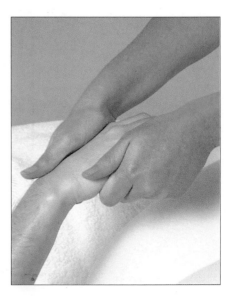

6 손까지 다시 내려온다. 손 옆 쪽으로 끌어내리며 손등을 스 트레칭한다.

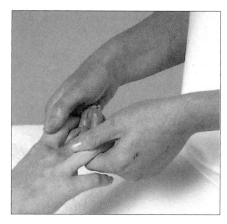

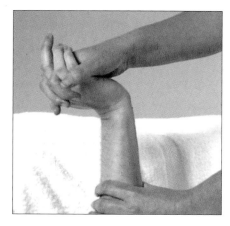

7 한 손으로 손끝부터 각 손가락마다 세 개의 관절 위를 각각 원을 그리듯 눌러준다. 관절 마사지가 모두 끝났을 때 손가락을 부드럽게 두 번 돌린다. 그리고 난 후 관절이 풀리도록 각각의 손가락을 부드럽게 스트레칭 해준다.

8 마사지 받는 사람의 팔뚝을 들어 왼손으로 잡고 오른손으로는 손을 쥔다. 그리고 부드럽게 반원 정도로 돌린다. 각 방향으로 3번씩 돌린다.

9 왼손으로는 계속 팔뚝을 잡고 마사지 받는 사람의 손가락에 자신의 손가락을 끼운다. 그리고 손목을 앞뒤로 부드럽게 3번씩 구부린다. 손목 관절에 무리를 주지 않도록 주의한다.

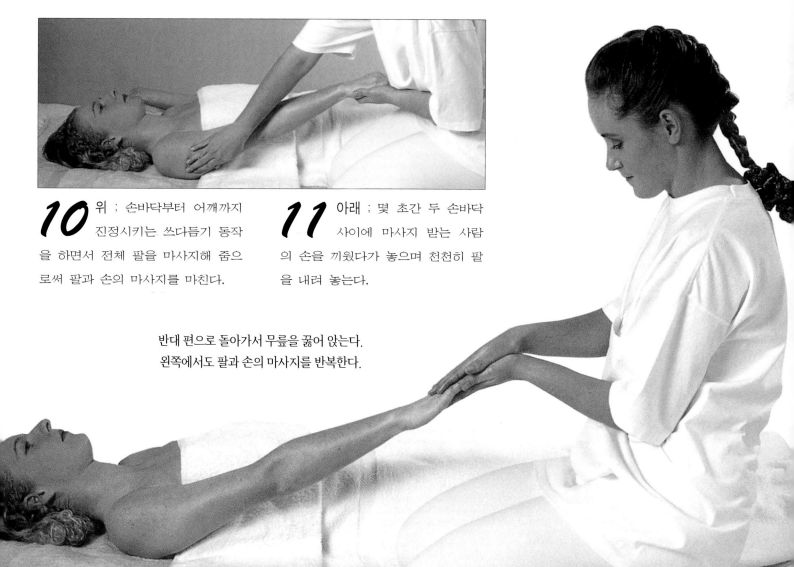

10 위 ; 손바닥부터 어깨까지 진정시키는 쓰다듬기 동작을 하면서 전체 팔을 마사지해 줌으로써 팔과 손의 마사지를 마친다.

11 아래 ; 몇 초간 두 손바닥 사이에 마사지 받는 사람의 손을 끼웠다가 놓으며 천천히 팔을 내려 놓는다.

반대 편으로 돌아가서 무릎을 꿇어 앉는다.
왼쪽에서도 팔과 손의 마사지를 반복한다.

가슴, 어깨, 목

팔 마사지 후에 가슴 마사지를 하고 그 다음에 얼굴 마사지를 하는 게 이상적이다. 책상 앞에 구부리고 앉아서 보내는 시간이 많기 때문에만 가슴 근육이 조이고 축소되는 것이 아니라 - 운전을 하고 무거운 쇼핑 백을 들고 나쁜 자세를 하는 것 모두가 축적되어 나쁜 결과가 나온다. 가슴이 긴장되면 목과 어깨가 뻣뻣하고 통증이 온다. 우리는 어깨가 긴장으로 뻣뻣해질 때까지 귀를 향해 어깨를 드는 경향이 있다.

우선 마사지 받는 사람이 머리 밑에 작은 쿠션이나 접은 수건을 놓으면 더 편안하게 느끼는지 확인해 본다.
받침을 놓는 게 더 편할 수도, 아닐 수도 있지만 목이 편안한 게 중요하다. 마사지를 시작하기 위해 머리 밑에 무릎을 꿇는다.

가슴

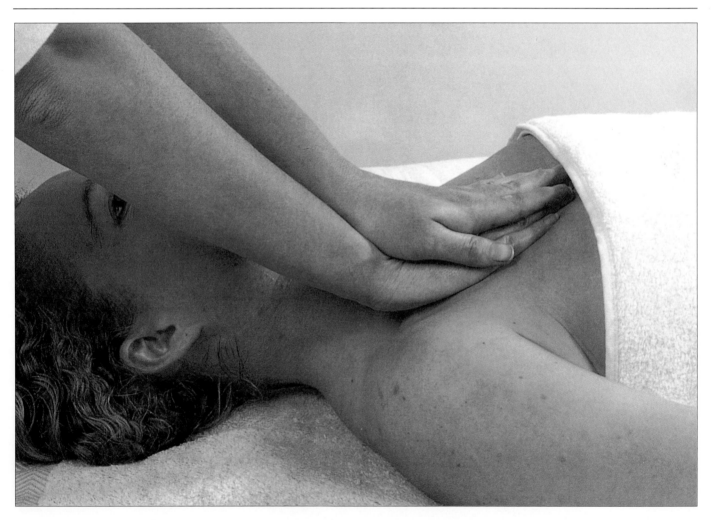

1 오른쪽 손바닥에 가볍게 오일을 바르고 가슴 위에 놓은 두 손끝이 발쪽을 향하게 하고 오른손 위에 왼손이 겹치게 한다. 우선 오른쪽 가슴 위에 좀 강하게 에플뤄라지 동작을 한다.

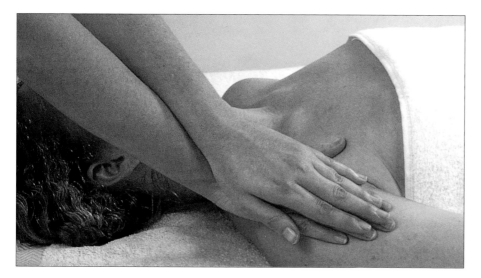

2 오른손 위에 왼손을 계속 얹은 채 오른쪽 어깨를 향해 가슴 위를 쓸어준다. 지속적으로 해야 한다. 가슴과 어깨를 바닥 쪽으로 누를 때는 충분히 세게 눌러야

한다. 그래야 에플뤄라지를 끝내고 손을 들면 제대로 풀어진다. 3번 반복한다.

3 목의 오른쪽 부근을 두 손으로 쓸어주면서 에플뤄라지 동작을 계속 한다.

가슴 중심부부터 시작해서 이 과정을 두 번 더 반복한다.

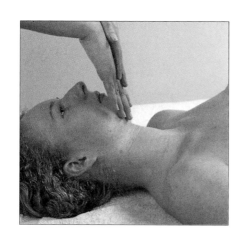

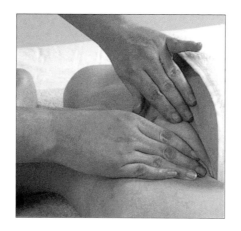

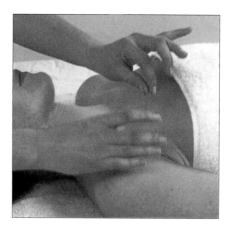

4 다시 한번 그 과정을 반복한다. 그러나 이번에는 두 손을 턱 선까지 끌어올리면서 끝낸다. 손가락을 턱 중앙 아래에 가볍게 갖다 붙인다.

5 두 손으로 겨드랑이 앞의 살을 주무른다. 근육을 쥐었다가 놓는다. 손을 번갈아가며 살을 꽉 쥔다.

6 같은 부분의 표면 근육을 가볍게 꼬집는다. 너무 아프지 않은지 확인하고 손을 번갈아가며 리드미컬한 동작으로 빠르게 한다.

지금까지 마사지했던 부분을 진정시키기 위해
가슴의 중심부부터 목의 오른쪽 옆까지 지속적인 동작으로 에플뤄라지를 반복한다.

그리고 나서 가슴과 목의 왼쪽 부분에 똑같이 전과정을 되풀이한다.
시작하기 전에 왼쪽 손바닥에 가볍게 오일을 묻힌다.

어깨와 목

1 가슴 앞면 위에 두 손을 나란히 놓는다.

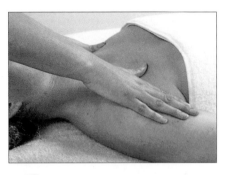

2 좀 강한 에플뤄라지 동작으로 각 어깨 쪽으로 손을 쓸어내린다. 어깨 위에 손을 놓고 등 윗부분과 목 뒤도 쓰다듬는다.

3 등과 목을 마사지할 때 그 근육을 부드럽게 스트레칭하기 위해 마사지 받는 사람의 몸을 약간 들었다 놓는다.

4 왼쪽 : 손가락 끝으로 목의 뒷부분부터 머리뼈 밑까지 원을 그리듯 눌러주면서 마사지한다. 이 동작들은 작고 강한 회전 운동이어야 하고 긴장된 근육을 풀어줄 수 있다. 이 부분은 종종 아주 긴장되어 있기 때문에 시간을 좀 들여서 마사지해야 한다.

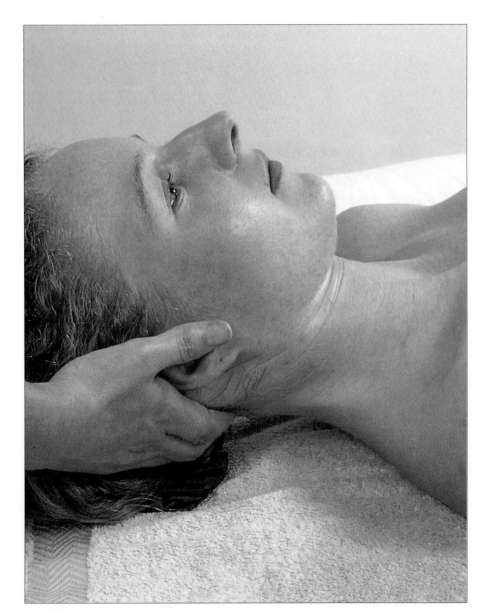

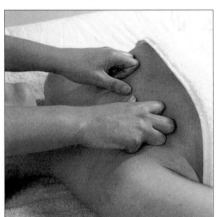

5 주먹을 느슨하게 쥐고 관절 부분을 사용해서 윗 가슴 전체를 반원 모양을 그리며 마찰하듯 마사지한다. 아주 작은 반원을 유지하고 살이 많은 부분은 좀더 세게 눌러준다. 그러나 쇄골 위는 직접 마사지 하지 않는다.

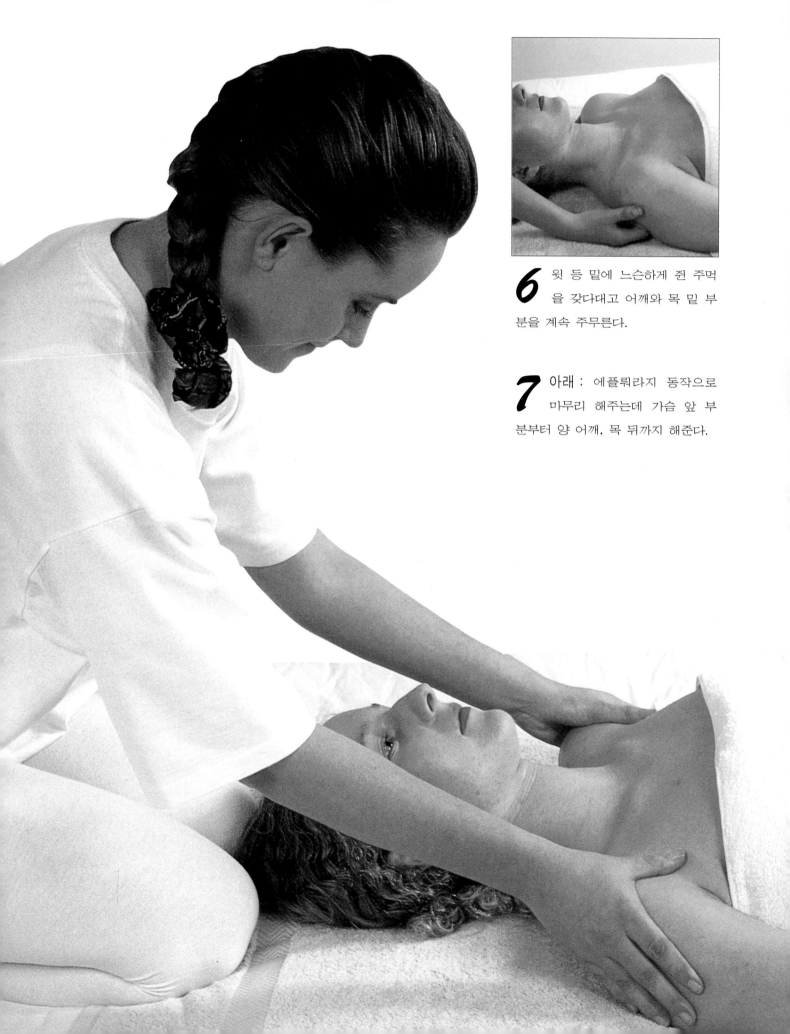

6 윗 등 밑에 느슨하게 쥔 주먹을 갖다대고 어깨와 목 밑 부분을 계속 주무른다.

7 아래 : 에플뤄라지 동작으로 마무리 해주는데 가슴 앞 부분부터 양 어깨, 목 뒤까지 해준다.

얼굴

얼굴은 끊임없이 우리의 건강과 감정을 보여준다. 스트레스와 긴장은 찌푸린 눈썹과 눈가와 입, 턱의 주름으로 나타난다. 얼굴 마사지는 두통과 불안, 피로를 사라지게 하고 평온하게 해준다. 얼굴 마사지는 순환을 좋아지게 하고 피부에 건강한 윤기를 준다. 마사지하기 전에 콘텍트 렌즈는 빼게 한다. 페이셜 오일은 조금만 사용하고 바로 눈 근처에는 오일을 바르지 않고 눈에 오일이 들어가지 않도록 주의한다. 손의 긴장을 푼다. 얼굴은 보기보다는 덜 약하기 때문에 너무 아프지 않은 한도 내에서 세게 눌러준다.

마사지 받는 사람의 머리 밑에 작은 쿠션이나 수건을 놓아준다.
얼굴에 머리띠가 흘러내리지 않도록 머리띠를 해준다.

1 머리 위쪽에 무릎을 꿇고 손바닥에 오일을 약간 바른다. 손을 쇄골 위에 놓고 에플뤄라지 동작을 준비한다.

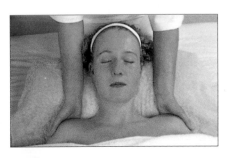

2 약하게 누르면서 어깨 까지 손을 쓸어내린다.

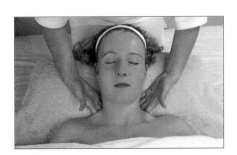

3 지속적으로 에플뤄라지 동작을 하다가 목 뒤의 목덜미 부분까지 손을 올린다. 잠시 멈추었다가 손 끝에 약간 힘을 준다. 그런 후 힘을 빼고 손을 뗀다.

에플뤄라지 과정은 적어도 3번 반복한다.

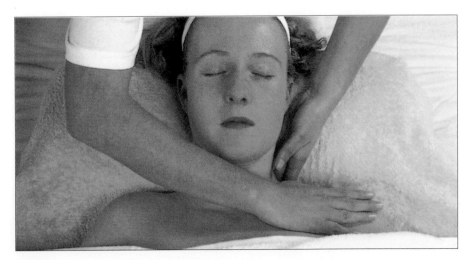

4 오른쪽 팔을 마사지 받는 사람의 가슴 앞으로 엇갈리게 놓아 마사지 받는 사람의 왼쪽 어깨를 지지해 준다. 왼손으로 어깨 위부터 목을 지나 턱의 옆선까지 부드럽게 쓸어준다. 3번 반복한다.

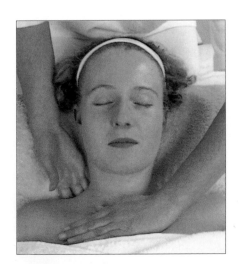

5 이 동작은 다른 쪽 목에도 반복한다.

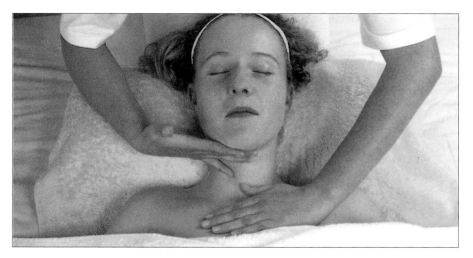

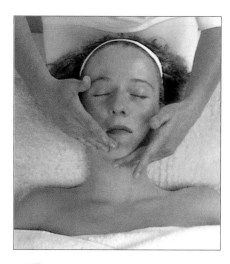

6 가슴 앞에 손가락이 마주보도록 두 손을 놓는다. 손바닥으로 목 앞 부분에서 턱까지 가볍게 쓸어준다. 손이 턱에 닿았을 때 가볍게 튕기면서 뗀다. 손을 번갈아가며 쓰다듬는데 한 손을 튕기 듯 떼면 바로 뒤따라온 다른 손을 튕기듯 뗀다. 여러 번 반복한다.

7 두 손을 턱 앞에 올려 놓는다. 귀쪽까지 턱선을 따라 손을 번갈아가며 쓰다듬는다. 여러 번 반복한다.

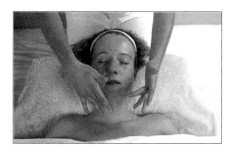

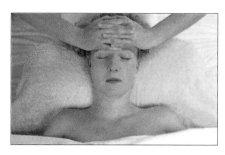

8 턱의 중앙부터 귀쪽으로 턱선을 따라 중지와 약지를 사용해서 톡톡 두드려준다. 자극적인 동작이기 때문에 힘을 주어 빠르게 톡톡 두드린다.

9 그리고 나서 두 손으로 얼굴을 잡고 부드럽게 아래 위로 흔들어 줌으로써 그 부분을 진정시켜 준다. 몇 초간 멈췄다가 손을 뗀다.

10 이마에 두 손을 놓는다. 느슨하게 손의 깍지를 끼고 손바닥으로 이마를 가볍게 눌러준다. 천천히 손의 깍지를 풀면서 손을 뗀다. 3번 반복한다.

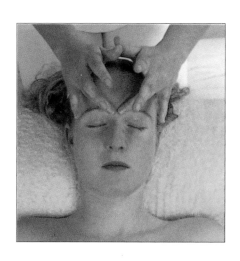

11 왼쪽 : 양쪽 손의 중지를 콧마루에 놓는다. 이마 양쪽 관자놀이 쪽으로 눈썹 위를 쓸어준다. 이마 위로 약간 올라와서 이마 중앙을 다시 두 손가락으로 쓸어준다. 머리선까지 계속 반복한다. 두 번 정도 더 반복한다. 이마 전체를 다 할 때까지 매번 조금씩 이마 위쪽으로 손가락을 옮긴다.

12 마무리를 위해 이마 양 옆에 두 손을 놓는다. 몇 초간 가만히 있다가 손을 뗀다.

배와 허리

많은 사람들이 배를 드러냈을 때 무방비 상태로 느끼기 때문에 이 부분을 마사지할 때는 특히 세심한 주의를 기울여야 한다. 마사지 받는 사람이 불안을 느끼지 않도록 아주 부드럽게 쓰다듬기 시작한다. 배 마사지는 신경을 진정시키고 긴장이나 소화불량, 생리통 때문에 생긴 통증을 완화시킨다. 또한 소화기관을 자극해서 배설이 용이해진다. 배 마사지를 하려면 식사 후 적어도 1시간 이상 지나야 한다.

마사지 받는 사람 옆에 무릎 꿇고 앉는다. 한 자리에서 양쪽을 마사지 하는게 가능하다.
마사지 받는 사람의 숨쉬기에 집중해서 마사지 시작과 끝을 맺으면 쓰다듬기가 들숨과 날숨과 맞춰지게 된다.
우선, 숨을 들이 쉴 때 아랫배에서 가슴으로 올라가면서 마사지하고 내쉴 때 가슴에서 아랫배로 내려가며 마사지한다.

배

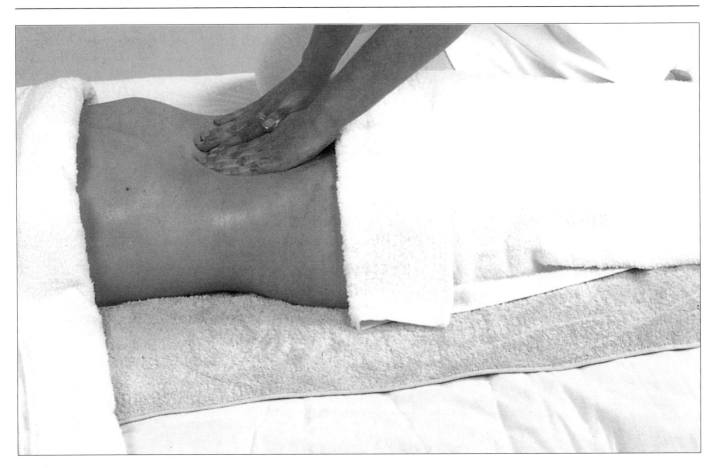

1 엉덩이 옆에 무릎을 꿇고 앉는다. 손바닥에 오일을 약간 바른다. 손 끝을 위로하고 아랫배 위에 마름모꼴로 두 손을 모아 천천히 앉는다. 손가락을 붙이고 손의 긴장을 푼다. 배의 팽창과 수축을 느낄 수 있도록 복식 호흡을 하게 한다. 숨쉬기에 맞춰 마사지한다.

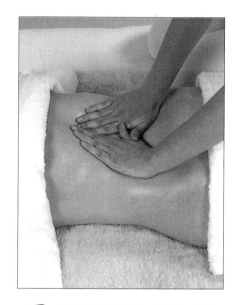

2 갈비뼈에 닿을 때까지 천천히 두 손을 배 중심부로 밀어올린다. 누르는 힘이 균등해야 하고 너무 세면 안 된다.

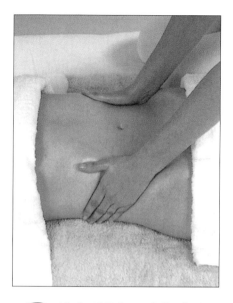

3 허리 옆쪽으로 손을 쓸어내리면서 그 동작을 지속한다. 손이 갈비뼈를 지나 허리 옆쪽으로 빠져나왔을 때 근육이 바깥쪽으로 끌어당겨지는 것이 느껴지도록 약간 더 힘을 준다.

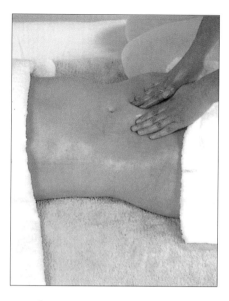

4 시작한 지점으로 돌아와 아랫배에 두 손을 놓는다. 여러 번 이 동작을 반복한다. 필요하면 오일을 더 바른다.

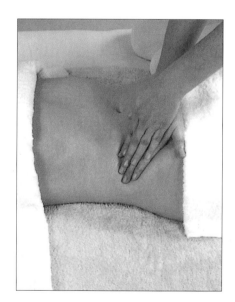

5 배꼽을 중심으로 원을 그리기 위해 아랫배 오른쪽에 두 손을 놓는다. 왼손을 오른손 위에 얹는다.

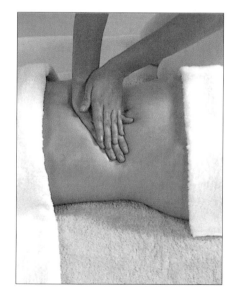

6 오른손 위에 왼손을 얹은 채 갈비뼈에 닿을 때까지 위쪽으로 밀어준다. 소화기관을 자극하도록 누르는 힘이 강해야 한다. 동작이 부드럽고 지속적이어야 한다.

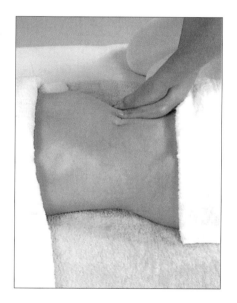

7 갈비뼈 밑을 지나도록 계속 밀어주고 배의 왼쪽 부분까지 내려온다. 마사지 방향이 오른쪽에서 위로 올라가 왼쪽 아래로 내려가는 방향이어야 한다.

배꼽 주위를 회전하는 동작을 세 번 반복한다. 매번 아랫배 중심으로 돌아와야 한다.

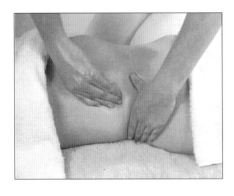

1 손을 번갈아가며 허리 부근 살을 꽉 쥐었다 놓아주는 주무르기 동작을 시작한다. 이 동작은 세고 자극적이어야 한다.

2,3 오른쪽과 오른쪽 아래 ; 손을 엇갈려 허리에 놓고 손바닥으로 허리 양쪽 옆구리를 잡는다. 옆구리를 빠르게 끌어올려 배 위에서 엇갈린 손이 풀어지게 한다. 그리고 손등이 밑으로 가도록 손바닥을 뒤집는다. 다시 한번 옆구리를 끌어올리고 처음 시작했던 자세로 돌아가 손을 엇갈리게 놓는다. 이 동작을 아주 빠르게 하고 옆구리를 위로 끌어올리려면 힘을 세게 주어야 한다. 그리고 나서 손이 배 위를 지날 때는 좀 힘을 약하게 한다.

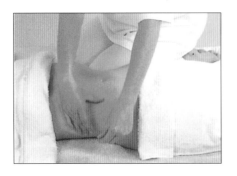

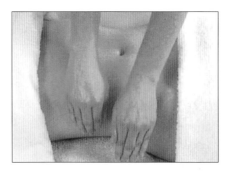

4 손과 허리 사이에 조금 간격을 두고 허리 살을 빠르게 살짝 꼬집어주며 자극한다. 다른 쪽 허리에도 반복한다.

5 손으로 컵 모양을 만들어 빠르고 자극적으로 허리 옆에 가볍게 커핑(흡각법)동작을 한다. 그러나 너무 아프게 하지 않는다. 이 동작은 옆구리의 혈액 흐름을 좋게 한다.

6 살을 꽉 쥐었다 놓는 주무르기 동작으로 옆 엉덩이 윗부분을 마사지한다. 힘을 세고 자극적으로 준다.

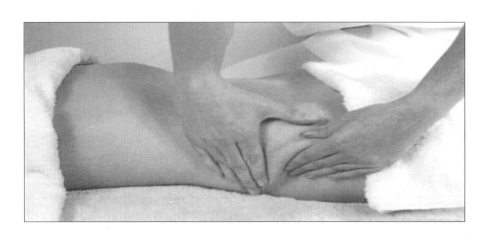

7 왼쪽 : 배 마사지를 마무리하기 위해 시작할 때 했던 것처럼 에플뢰라지 동작을 해준다. 손끝을 마사지 받는 사람의 머리 쪽으로 향하게 하고 배 중앙에 두 손을 놓은 후 마친다. 손을 떼기 전에 몇 초간 그대로 있는다.

몸의 뒤편

다리와 엉덩이 뒤쪽을 마사지 하기 위해 엎드리게 한다.
고개는 한 쪽으로 돌리게 한다.

다리와 엉덩이

다리와 엉덩이 뒷부분은 마사지 기술의 영역을 넓혀 준다. 대부분의 사람들이 허벅지와 엉덩이의 큰 근육 위에 많은 마사지를 시술받을 수 있다. 살이 많은 부분은 주무르기가 아주 좋고 세게 누르면 큰 만족감을 줄 수 있다. 반면, 가장 부드러운 동작인 에플뤄라지도 여전히 몸의 다른 기능을 활성화시키는 데 도움을 준다. 혈액 순환과 림프액 순환이 잘 안 될 때 다리 마사지를 잘 해주면 확실한 효과를 볼 수 있다. 다리가 피곤하고 무겁게 느껴질 때도 도움이 되고, 마사지를 받은 후에 에너지가 충만해짐을 느낄 수 있다.

에플뤄라지 (부드럽게 쓰다듬기)

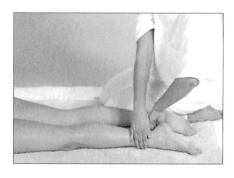

1 왼쪽 : 한 쪽 발목 부근에 무릎을 꿇고 앉는다. 한쪽에서 두 다리를 모두 마사지할 수 있다. 멀리 있는 쪽 다리부터 마사지를 시작한다. 손에 오일을 약간 바르고 왼쪽 발목 뒤에 손을 엇갈려 놓는다.

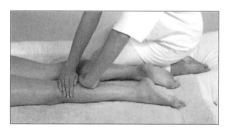

2 오른손이 먼저 하고 그 뒤를 왼손이 따라하며 다리 위쪽으로 부드럽고 지속적으로 쓰다듬기 동작을 한다. 무릎 뒤까지 왔을 때 2초간 멈춘다.

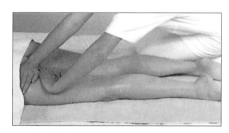

3 손을 엇갈린 채 허벅지 맨 윗부분까지 다리 위쪽으로 마사지한다. 힘을 고르고 가볍게 유지한다.

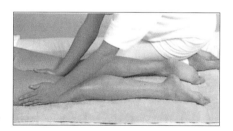

4 다리를 양손 사이에 끼고 밑으로 쭉 내려와 다시 발목까지 도달한다.

이 과정을 3번 반복한다. 심장을 향해 위쪽으로 올라가는 마사지를 할 때 매번 조금씩 힘의 강도를 높인다.

다리 상반부와 엉덩이

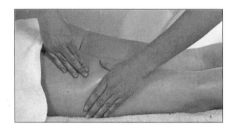

1 허벅지 옆에 무릎을 끓고 앉는다. 허벅지 뒤에서 엉덩이 위까지 꽉 잡았다가 놓는 주무르기 동작을 해준다.

2 손의 바깥날로 짧고 강한 해킹(치기) 동작을 해준다. 손을 번갈아가며 빠르고 반복적으로 한다. 다리 상반부와 엉덩이 위에 전체적으로 해킹 동작을 계속 한다.

3 다리 상반부와 엉덩이 위에 커핑 동작을 한다. 커핑 동작은 전 부분을 자극하기 위해 짧고 빨라야 한다.

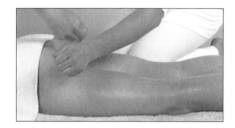

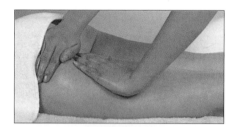

4 주먹을 느슨하게 쥐고 허벅지 위와 바깥쪽을 빠르게 계속 친다. 주먹의 바깥날 부분이나 손가락의 등 부분을 사용한다. 엉덩이 위는 손의 관절로 좀더 강하게 친다.

5 무릎 뒤부터 허벅지 위까지 진정 효과가 있는 에플뤄라지 동작과 함께 마찰 동작을 한다. 그리고 다리 아래쪽으로 무릎 뒤까지 쓸어내린다.

종아리

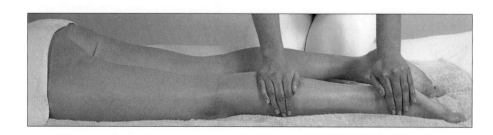

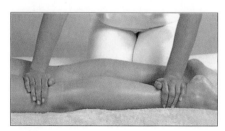

1 밑으로 내려와 발목 옆에 무릎을 끓고 앉는다. 필요하면 손에 오일을 약간 바른다. 발목 뒤에 두 손을 놓는다. 왼손으로 발목을 잡고

오른손은 무릎 쪽으로 부드럽게 밀어올린다.

2 허벅지 쪽으로 오른손을 계속 밀어올린다. 무릎 뒤에 닿으면 힘을 좀 약하게 한다.

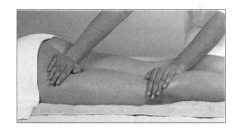

3 오른손은 허벅지 맨 위까지 밀어올리고 동시에 왼손은 무릎 뒤까지 밀어올리며 계속 쓸어준다. 이 동작은 물 흐르듯 자연스럽게 한다.

4 멈추지 말고, 오른손으로 계속 쓰다듬으면서 아래쪽 다리까지 내려간다. 오른손이 무릎까지 도착했을 때 오른손이 그대로 지나서 발목까지 내려갈 수 있도록 왼손을 무릎에서 뗀다.

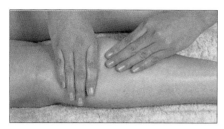

5 두 손으로 발목에서 무릎까지 종아리를 주무른다. 무릎 뒤는 주무르지 않는다. 종아리 근육을 꽉 쥐었다 놓았다 한다. 종아리 근육이 유난히 딱딱하다면 주무르기 동작이 편하지 않을 수도 있으니까 너무 세게 주무르지 않는지 마사지 받는 사람에게 물어본다.

3번 혹은 이 동작이 충분히 됐다고 느껴질 때까지 반복한다.

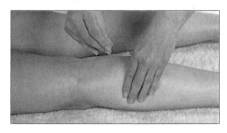

6 너무 아프지 않은지 확인하면서 종아리 근육 전체를 짧고 강하게 꼬집어준다.

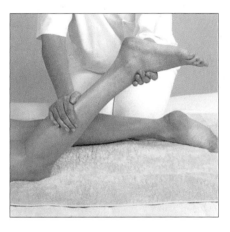

7 왼쪽 : 왼손으로 다리를 잡아 들어올리고 오른손으로 발목 뒤부터 무릎까지 밀어올린다. 아프지만 않을 정도로 강하게 눌러준다. 3번 반복한다. 다리를 천천히 다시 바닥에 내려놓는다.

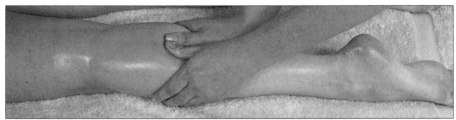

8 엄지손가락을 모아 발목 뒤편부터 종아리를 지나 무릎까지 밀어준다. 종아리 근육의 단단함을 풀어줄 수 있을 정도로 강하게 힘을 준다.

무릎 뒤에 도착했을 때 힘을 약하게 하고 두 손으로 다리 양쪽을 쓸어내리면서 발목까지 내려온다. 3번 반복한다.

9 다리 뒤편의 마사지를 마무리하기 위해서 다리 마사지를 시작할 때 했던 에플뤄라지 동작을 한다. 발목에서 허벅지까지 올라가며 쓰다듬고 다시 발목까지 내려오면서 쓰다듬는다. 다리를 진정시키기 위해 3번 반복한다.

다른 쪽 다리에 전과정을 되풀이한다. 막 마사지가 끝난 다리는 근육을 따뜻하게 해주기 위해 수건으로 덮어준다.

등과 어깨

등은 큰 힘과 기동력이 있는 부위이고 몸을 지탱해 주는 주요 구조이다. 그러므로 대부분의 다른 부위보다 좀더 주의가 필요하다. 등을 마사지하면 몸의 각 부분에 영향을 미치는 신경을 다스릴 수 있다. 척추와 등허리를 중심으로 하는 등의 전면적인 마사지는 육체적, 정신적인 상태를 호전시키며 몸 전체에 퍼져 있는 스트레스 영향을 많이 경감시킨다. 부드러운 에플뤄라지 동작이 등 주변의 근육과 피부 조직을 스트레칭해주고 유연성을 재생시켜 주는 반면, 척추 근육과 등허리 부근을 강하게 쓰다듬는 것은 뭉치고 아픈 근육을 풀어준다. 척추뼈 옆 양쪽 부근의 마사지는 아주 효과적이지만 척추뼈 바로 위에 직접 마사지하면 안 된다. 신장 위에 해킹(치기)이나 커핑(흡각법)같은 마사지 동작은 피한다. 신장은 등 중앙의 허리선 위치에 있다.

우선 자세를 편안하게 해준다. 얼굴 양 옆에 팔을 놓고 얼굴을 밑으로 엎드린다.
이마 밑에 수건을 말아 받쳐주고, 필요하면 가슴 밑에도 베개, 쿠션, 말은 수건을 사용한다.
목 뒤에 머리가 내려오지 않게 하는게 좋다.

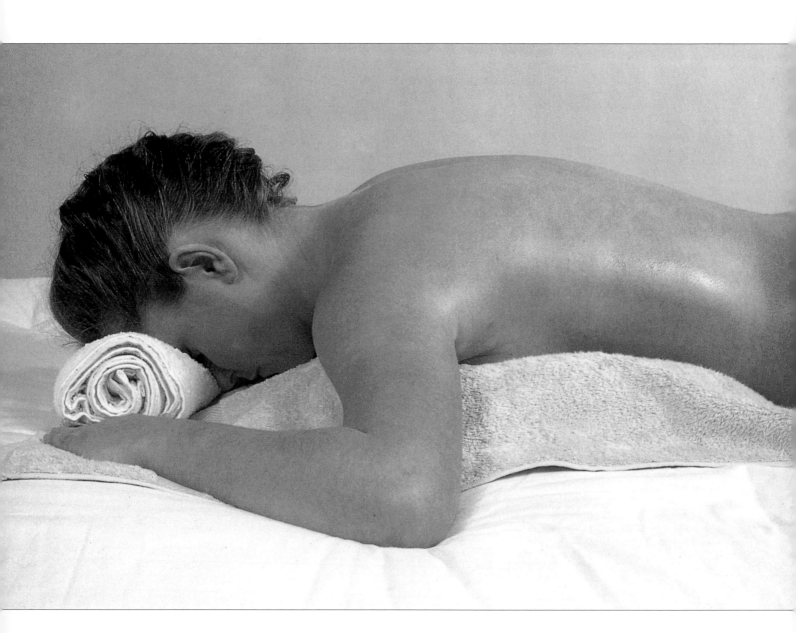

에플뤄라지

마사지 받는 사람의 엉덩이 근처 오른쪽으로 무릎 꿇어 앉아서 손에 오일을 바른다.
첫 번째 에플뤄라지 동작을 하는 동안 특히 긴장되거나 굳은 곳을 찾아내는 데 집중한다.

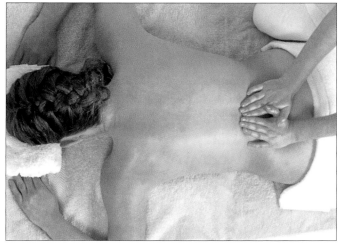

1 등허리에서 에플뤄라지 동작을 시작한다.
두 손이 연결되도록 엄지손가락을 엇갈리
게 놓은 채 손 끝에 힘을 꽉 주고 등 중앙으로
천천히 미끄러져 올라간다.

2 지속적인 동작으로 등 맨 위까지 미끄
러져 올라간다.

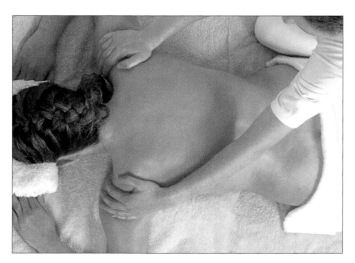

3 멈추지 말고 등 맨 위에서 손을 양쪽으
로 분리시키면서 어깨 주위를 손으로
끌어내린다.

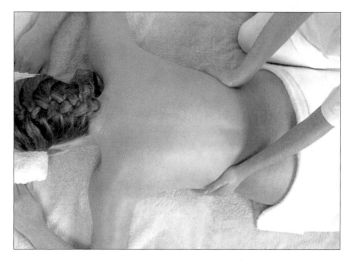

4 두 손으로 등 옆을 쓸어내리면서 등허
리까지 가서 다시 시작할 준비를 한다.

매번 손에 오일을 바르면서 세 번 반복한다.

어깨

1 견갑골 근처부터 척추 양 옆을 엄지손가락으로 마사지한다. 근육에 아주 강하게 작용하는 회전 동작을 한다.

2 목덜미에 도달할 때까지 척 추 양 옆을 계속 마사지한다.

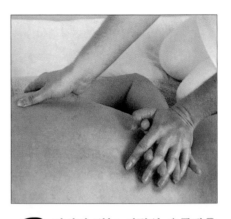

3 마사지 받는 사람의 오른팔을 등줄기 우묵한 곳에 조심스럽게 갖다 놓는다. 그리고 그 팔을 지 탱하기 위해 왼손으로 마사지 받는 사람의 오른손을 잡는다. 이렇게 하 면 마사지 받는 사람의 견갑골이 약 간 튀어나온다. 오른손 엄지로 어깨 주위에 회전 동작을 해준다. 강한 근 육이 견갑골을 지탱하기 때문에 이 부분의 뭉침을 풀어주려면 뼈 밑쪽 을 강하게 마사지 해준다.

4 좀더 힘을 주기 위해, 오른손 위에 왼 손을 얹고 어깨에서 목 뒤로 이어지 는 부분부터 작은 회전 동작을 해준다.

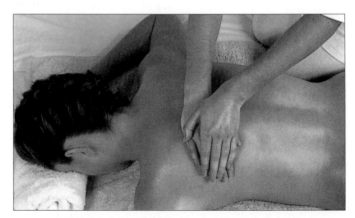

5 근육에 긴장을 풀어주기 위해서 강하 게 힘을 주고 견갑골 위를 둥글게 마 사지한다.

마사지 받는 사람의 다른 편으로 위치를 바꿔 다른 편 어깨에도 이 과정을 반복한다.

등

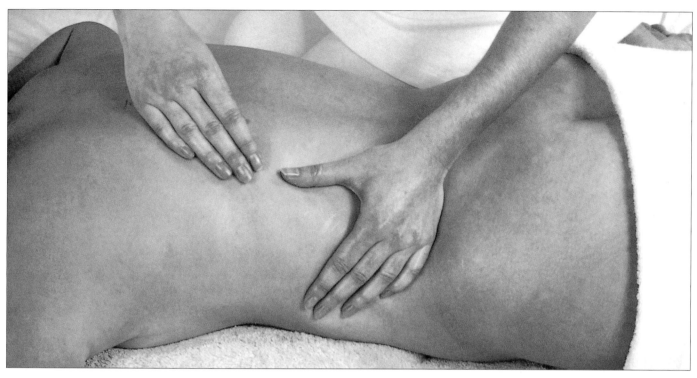

1 마사지 받는 사람의 오른쪽 옆에 무릎 꿇고 앉는다. 두 손으로 등의 왼쪽 옆을 옆구리부터 주무른다. 손을 번갈아가며 근육을 집었다가 놓는다. 어깨에 도달할 때까지 등을 계속 주무른다. 허리에서 다시 주무르기 시작하는데 이번에는 척추에 좀더 가까이 와서 등을 다시 주무른다.

다른 쪽 등 옆 부분에 주무르기 동작을 반복한다.
자리를 바꾸지 않고도 마사지를 할 수 있다.

2 손의 바깥 날을 사용해서 등 허리부터 어깨까지 짧고 리드미컬하게 해킹 동작을 한다. 그러나 견갑골의 뼈가 나온 부분은 피해서 친다. 눈으로 등을 각각 세 부분으로 나누어 등 전체를 골고루 마사지한다.

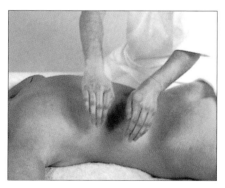

3 등 허리부터 등, 어깨까지 커핑 동작을 한다. 손을 번갈아가며 등을 빠르고 세게 마사지한다.

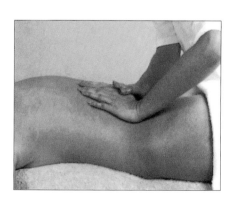

4 등을 진정시키기 위해 마사지를 시작할 때 했던 에플뢰라지 동작을 반복한다. 여러 번 반복한다.

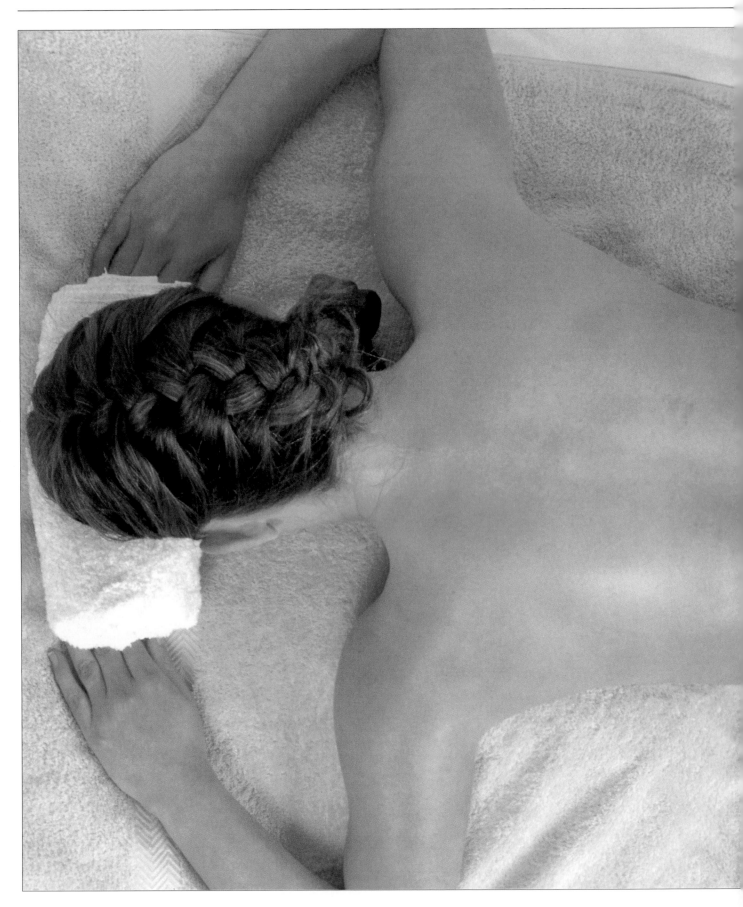

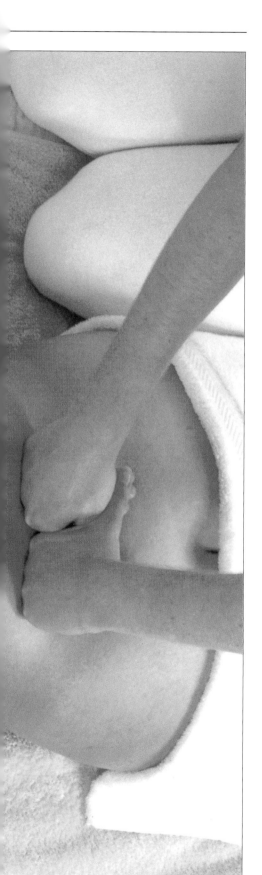

1 왼쪽 : 주먹을 느슨하게 쥐고 지탱하기 위해 두 손의 엄지손가락을 서로 엇갈려 건다. 주먹 쥔 손의 윗부분을 사용해 척추 양 옆을 목덜미까지 쭉 밀어준다.

2 오른쪽 : 목덜미에 도달했을 때 구부렸던 손가락을 펴서 등의 양 옆을 쓸어내린다. 3번 반복한다.

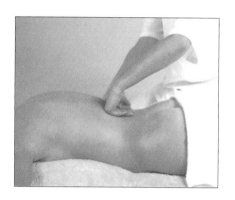

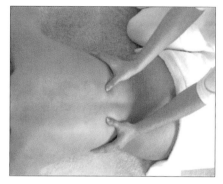

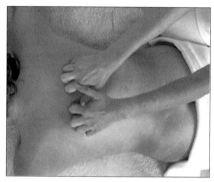

3 손을 등허리 부근 양 옆에 놓고 엄지는 척추 양 옆에 놓는다. 머리선에 도착할 때까지 척추 양 옆을 따라 올라가며 엄지로 작은 원을 그리듯 마사지한다. 힘을 세게 주어 누른다. 다시 등허리까지 내려오며 엄지손가락으로 마사지한다.

4 손가락 관절을 느슨하게 구부리고 엄지손가락을 지탱하기 위해 서로 엇갈려 건다. 등허리부터 척추 양 옆을 쭉 밀어 올렸다가 다시 내려온다. 2번 반복한다.

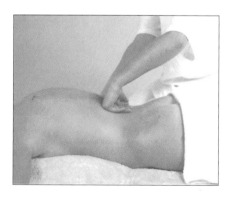

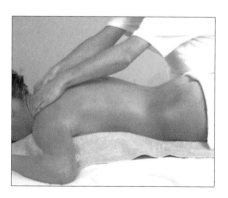

5 손등을 사용해서 등허리부터 허리선 바로 위까지 척추 양 옆을 밀어 올려준다. 그리고 나서 바깥쪽으로 손을 쓸어내리고 엉덩이까지 다시 내려온다. 3번 반복한다.

6 마사지를 마무리하기 위해 시작할 때 했던 에플뤄라지 동작을 해준다. 등허리에서 등을 쭉 올라가 어깨까지 다시 등허리까지 지속적으로 쓸어준다.

셀프 마사지 (혼자하는 마사지)

간단하고 효과적인 셀프 마사지는 스트레스가 많고 피곤한 날 긴장을 풀어주고 원기를 회복하는 데 큰 도움을 준다. 샤워나 목욕을 하고 난 뒤 로션이나 오일로 마사지하면 긴장이 많이 완화되고 피부가 윤택해진다. 특히 아프거나, 긴장된 부분을 풀기 위한 목적으로 셀프 마사지를 한다. 셀프 마사지의 장점은 자신의 필요에 맞춰 어느 때라도(저녁에 긴장 완화를 위해 하든, 아침에 활기를 주기 위해 하든) 할 수 있는 것이다.

어깨

1 몸을 바로 세우고 앉아서 목 아래부터 어깨를 쭉 따라서 손가락으로 눌러준다. 어깨 뼈에 도착했을 때 목 쪽으로 손을 다시 쭉 밀어준다. 누르기를 최소한 3번 반복한다. 목부터 어깨까지 강하게 쓸어주면서 마무리하고 다른 쪽도 해준다.

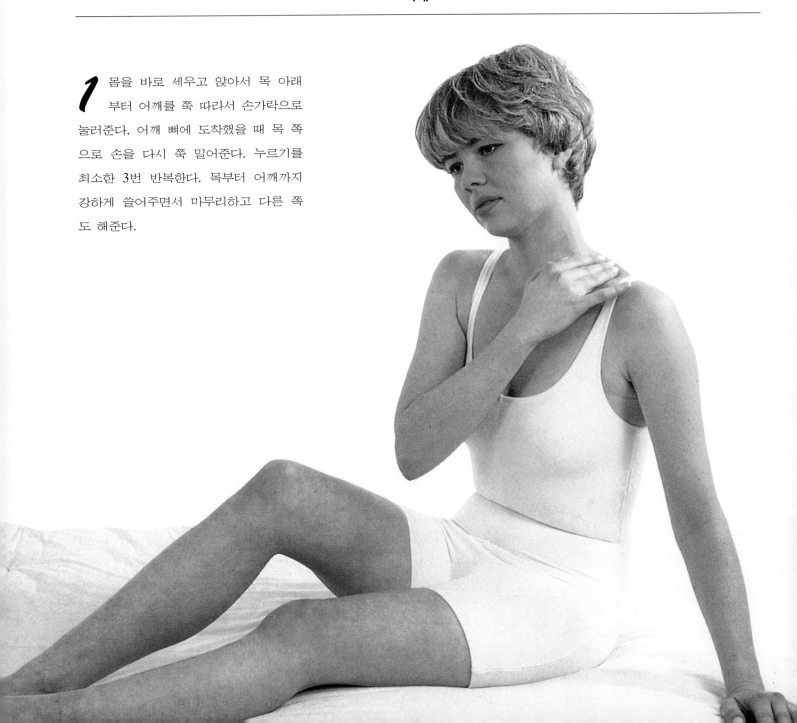

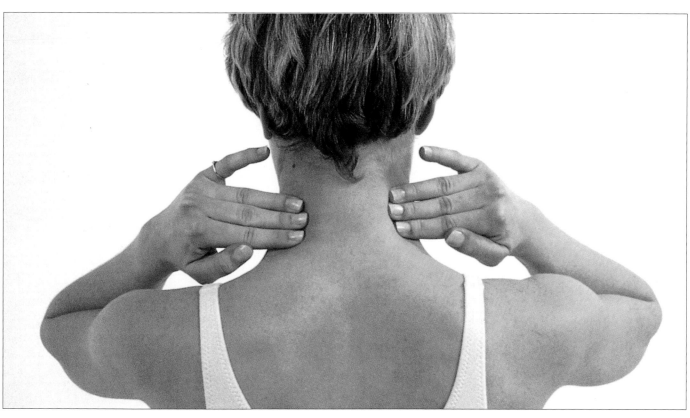

2 양손 끝으로 목 뒤에 작은 원을 그리듯 마사지한다. 뭉 친 근육을 풀어줄 수 있다고 느껴지는 곳은 그냥 누르는 것보다 부드러운 회전 동작이 낫다. 목 아래부터 머리 밑 부분까지 계속 해준다.

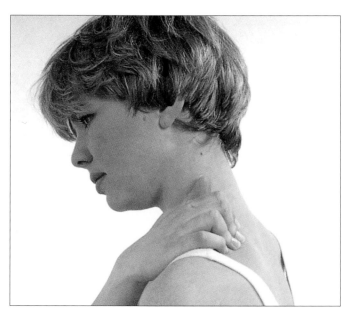

3 손으로 살을 꽉꽉 말아쥐면서 양쪽 어깨를 주물러준다. 양쪽을 각각 여러 번 반복한다.

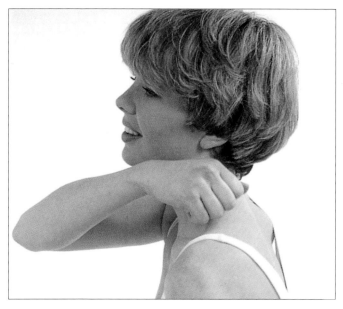

4 주먹을 가볍게 쥐고 손목과 팔꿈치는 힘을 뺀 채 어깨를 가볍게 친다. 동작을 가볍고 경쾌하게 해준다. 다른 쪽 어깨에도 반복한다.

팔

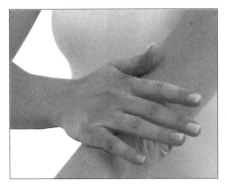

1 손목부터 어깨까지 강하게 문
지르다가 다시 약하게 문지른
다. 팔 전체에 여러 번 반복한다.

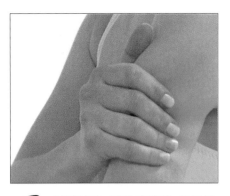

2 어깨부터 팔꿈치까지 주무른
다. 팔 주위를 돌아가며 전체
적으로 다 주물러준다.

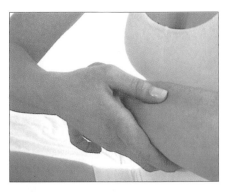

3 손목부터 팔꿈치까지 팔뚝을
주물러준다. 엄지손가락으로
는 회전 동작을 해준다.

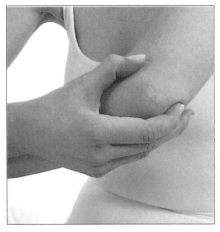

4 손가락으로 팔꿈치 주위를 감
싸고 둥글게 돌아가며 눌러준
다. 우선 마사지를 받은 팔 위에 마
사지하는 팔을 놓고 팔꿈치 바깥 쪽
을 마사지한다. 그리고 나서 팔을
위쪽으로 올려 팔꿈치 안쪽부터 마
사지한다. 팔꿈치는 건조해서 오일
이 좀더 필요할 수도 있다.

5 오른쪽: 부드럽지만 재빨리
팔 상단부를 톡톡 친다. 부드
럽게 커핑 동작을 사용해도 된다.
끝낼 때는 쓰다듬기를 해준다. 다른
팔을 마사지하기 전에 손 마사지를
해준다.

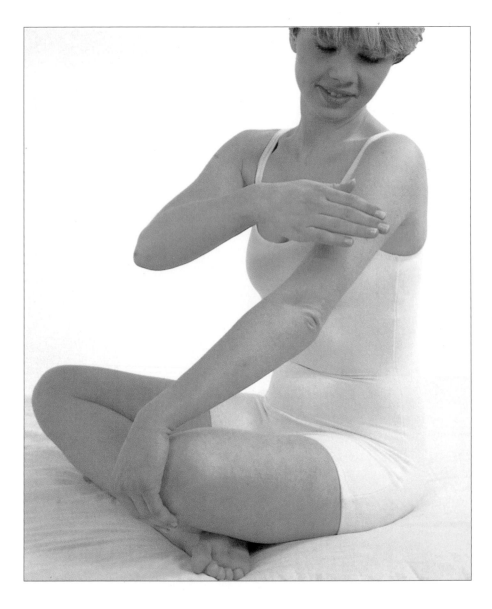

손

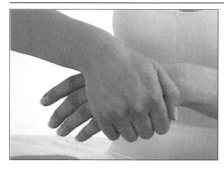

1 손바닥을 쫙 펴서 손을 꾹꾹 주무른다. 손가락과 손목까지 손 전체를 다 주무른다.

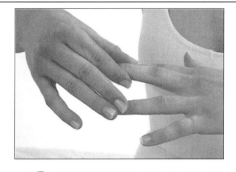

2 회전 동작으로 각 손가락 관절을 눌러준다. 그리고 난 뒤 각 손가락 밑부분을 잡고 손가락 끝까지 미끄러지듯 부드럽게 당겨서 스트레칭 해준다.

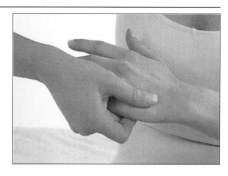

3 손의 관절부터 손목까지 손의 뼈 사이에 있는 각각의 골을 엄지손가락의 회전 동작으로 마사지한다. 뼈 사이의 골을 다 마사지 한 후 손으로 부드럽게 문질러 준다.

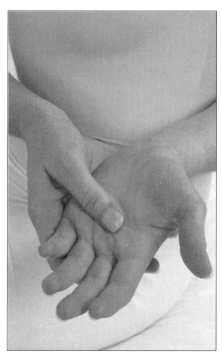

4 손을 뒤집어 손바닥에 마사지를 한다. 손 안쪽 끝과 손목에는 특별히 주의를 기울이면서 손바닥 전체를 엄지손가락으로 원을 그리듯 눌러준다. 그리고 난 후 다시 손바닥 전체를 세게 꾹꾹 눌러준다.

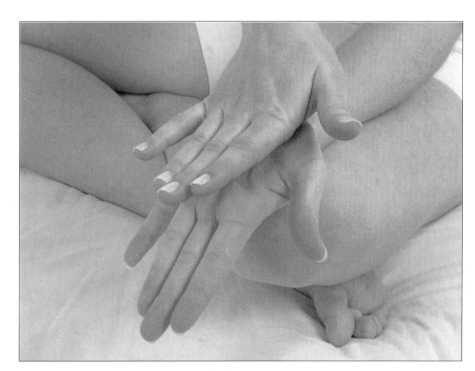

5 손바닥으로 손바닥 전체를 세게 꾹꾹 눌러준다. 손 끝부터 손목까지 마사지한다. 손가락까지 다시 돌아와서 두 번 더 반복하

는데 매번 조금씩 힘을 약하게 해준다. 마지막으로 손목 안쪽을 마사지한다.

팔과 손 마사지 전 과정을 다른 팔에 반복해 준다.

등과 배

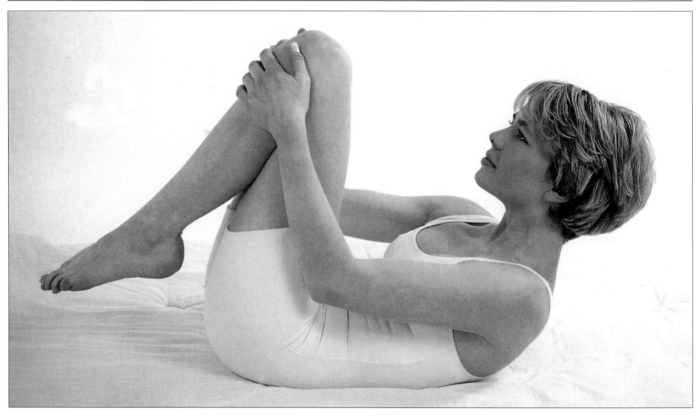

1 등을 대고 누워서 무릎을 잡는다. 등 허리와 엉덩이, 엉덩이 관절을 마사 지하기 위해 앞 뒤로 천천히 흔들어 준다. 그리고 천천히 척추를 스트레칭 해준다.

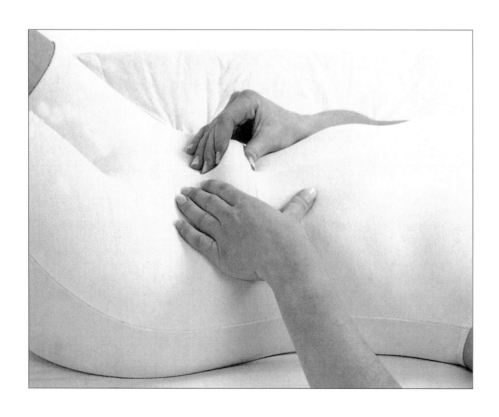

2 왼쪽 ; 무릎을 굽히고 배 전체 를 주물러 주는 주무르기 동 작(페트리사주)을 부드럽게 해준다. 주무르기가 끝나면 손끝이 서로 마 주보도록 손을 펴서 배의 중심부에 얹어 놓고 몇 초간 그대로 있는다. 그리고 나서 힙과 장단지를 오랫동 안 천천히 주무른다.

엉덩이, 골반, 허벅지

1 무릎을 구부린 자세로 주먹을 사용해 엉덩이를 두드린다. 손목에는 힘을 뺀다.

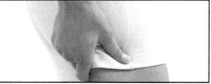

2 허벅지 위쪽부터 엉덩이까지 꽉꽉 쥐었다 놓으면서 주무른다. 왼쪽에도 반복한다.

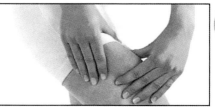

3 두 손으로 허벅지 위쪽 근육을 꽉 쥐었다 놓는다. 허벅지 전체를 그렇게 주물러준다. 다른 쪽 허벅지에도 반복한다.

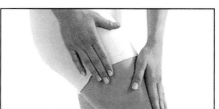

4 다리를 진정시키기 위해 두 손으로 무릎부터 허벅지를 문질러준다.

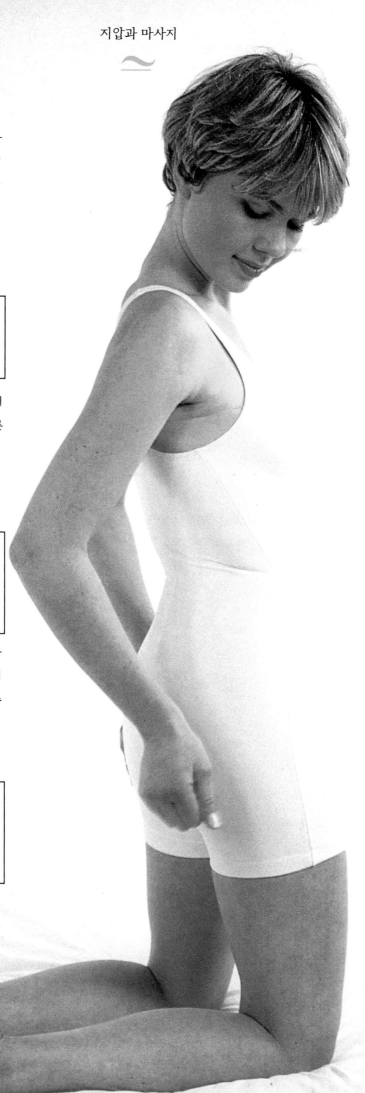

~

다리

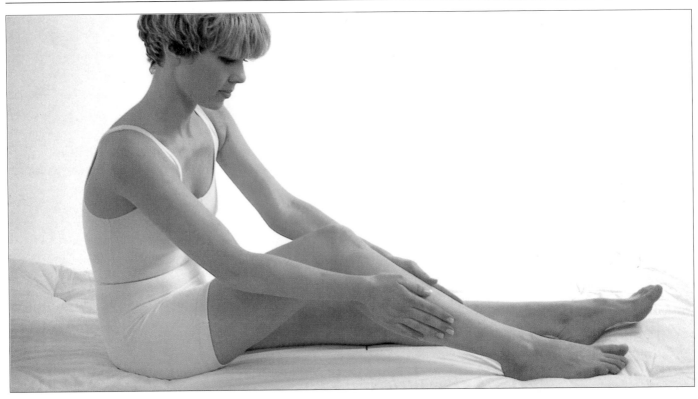

1 한 다리를 약간 올리고 앉아서, 발목부터 허벅지까지 두 손으로 문지른다. 될 수 있는 한 발목 가까운 곳 부터 마사지를 시작한다. 다른 부분도 마사지 하기 위해 매번 조금씩 다리 주위를 돌아가며 여러 번 반복한다.

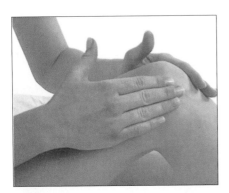

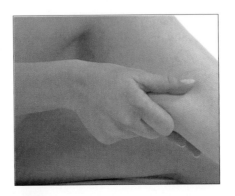

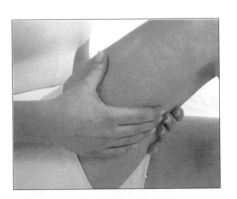

2 무릎을 마사지한다. 우선 무릎 뼈 바깥 주위를 문지르고 좀 더 강하게 마사지하기 위해 손끝으로 무릎뼈 주위를 돌아가며 누른다.

3 두 손으로 종아리 근육을 주 무른다. 근육 내의 긴장을 완 화시키기 위해 강한 주무르기 동작 을 한다.

4 손을 번갈아가며 허벅지 전체 를 계속 주무른다. 다리를 올 리고 있는 동안 발목부터 엉덩이까 지 다리 뒤쪽에 진정 효과가 있는 에플뤄라지 동작을 해준다.

다른 쪽 다리에 이 모든 과정을 되풀이하기 전에 발 마사지(옆 페이지)를 해준다.

발

1 바닥에 앉아서 등을 뒤로 젖히고 손으로 다리를 들고 있는다. 오른쪽, 왼쪽으로 5번씩 오른쪽 발목을 돌린다.

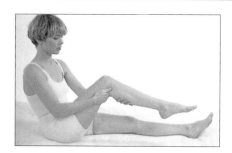

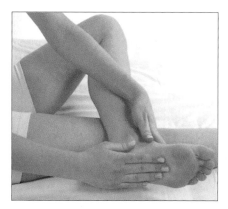

2 다른 쪽 다리에 발을 갖다 얹는다. 한 손은 발등에 한 손은 발바닥에 얹는다. 발가락부터 발목까지 발을 문지른다. 3번 반복한다.

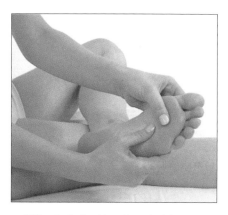

3 발바닥 위쪽을 엄지손가락으로 원을 그리듯 눌러준다. 발 안쪽부터 발 바깥 날까지 발바닥 선을 따라 눌러준다. 3번 반복한다.

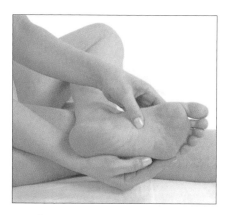

4 한 손으로 발을 잡고 발의 쑥 들어간 부분 위를 원을 그리듯 눌러준다. 안쪽부터 바깥쪽까지 마사지한다. 3번 반복한다.

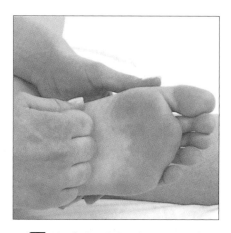

5 한 손은 발을 쥐고 다른 손은 느슨하게 주먹을 쥐어 움푹한 곳을 주먹으로 강하게 원을 그리듯 눌러준다. 그 부분 전체를 마사지한다.

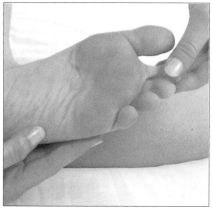

6 발가락 하나하나를 마사지 한다. 발가락 밑을 잡고 위쪽으로 천천히 끌어올려서 부드럽게 스트레칭 해준다.

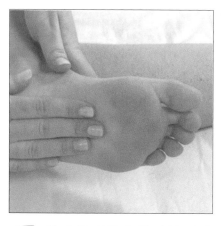

7 한 손은 발등에 한 손은 발바닥에 놓고 발가락부터 발목까지 여러 번 쓰다듬기 동작을 한다.

다른 쪽 다리와 발에도 이 마사지를 전과정 되풀이 한다.

마 사 지 와 운 동

마 사지가 일정 부분에만 효과가 있는 것이 아니기 때문에 운동을 직업으로 하는 사람들은 마사지를 받는 것이 아주 좋다. 운동 전 마사지는 근육과 관절을 워밍업 시킬 뿐 아니라 신체적, 정신적으로 몸의 시스템을 자극해 줌으로써 늘어날 활동량에 대비시켜 준다. 유연성을 증가시키고, 경련과 부상도 막아준 다. 이것은 좀더 나은 운동을 하는 데 도움을 준다. 운동 후 마사지는 림프 시스템을 자극해서 체내 노폐물(특히 젖산)을 빨리 제거하게 도와준다. 운동 후에 생기는 통증은 운동하는 동안 생기는 체내 노페물의 축적 때문이다.

근육 삠과 손발목 삠

피부 밑이 불타는 듯한 느낌이 들 때는 근육이나 근육 섬유, 인대가 늘어났을 경우가 많다 - 늘어날 수 있는 한계를 넘은 것. 이것은 종종 적절한 워밍업 없이 운동을 한 결과이거나 너무 무리하게 운동을 한 결과이다. 운동 전 마사지와 몸을 유연하게 하는 것은 이러한 근육의 삠을 방지한다. 또한 삔 부분을 부드럽게 마사지하면 회복도 빨라진다.

발목, 손목, 무릎 같은 관절을 삐는 것은 좀더 심각한 문제이다. 관절을 둘러싸고 있는 근육, 인대, 힘줄도 다칠 수 있고 영향을 받은 곳이 심하게 아프고 부을 수 있다. 붓기를 가라 앉히려면 15~20분 정도 얼음 팩이나 찬 습포를 한다. 차가운 찜질 후 부드럽게 그 부분에 마사지를 시작할 수 있다. 부은 부위 위에 바로 마사지를 하지는 않는다. 가능한 한 많이 발목을 쉬게 하고 압박 붕대를 사용한다. 심각하게 삐었을 경우에는 의사의 진찰을 받아야 한다. 경우에 따라서 뼈가 부러졌을 수도 있고, 무릎 염좌는 치료를 받아야 한다.

경련

운동을 많이 해야만 경련이 일어나는 것은 아니다. 반대로 경련이 일어나는 곳은 대개 잘 쓰지 않거나 워밍업이 제대로 안 된 근육이다. 경련은 일어나기 전에는 기미조차 보이지 않는다; 마비시키는 듯 아픈 경련은 혈액 순환이 나빠져서 근육이 수축되는 한밤중에 일어날 수 있다. 경련이 자주 일어나는 것은 일반적으로 혈액 순환이 잘 안 되거나 칼슘이나 염분의 부족 때문이다. 마사지는 혈액 순환을 도와서 통증을 완화시킨다. 경련이 일어난 근육은 스트레칭을 해주어야 한다.

등의 통증

등의 염좌는 가장 일반적인 고통의 근원이다. 대부분의 스포츠에서 다리, 엉덩이, 등을 삐게 된다. 한번 등을 삐면 다시 삐기가 쉽다. 위험하거나 부적절하거나 과도한 운동은 문제를 일으키기가 쉽다. 불필요하게 등을 무리하지 말아야 한다. 정기적인 등 마사지(특히 운동 전에)는 부상의 가능성을 줄여준다. 만약 등을 빨리 워밍업 시키고 싶을 때나 운동이 끝났을 때 즉석 등, 어깨 마사지를 한다. 등의 통증이 심할 때는 의사나, 안마 시술사, 척추 교정 지압 전문가의 진찰을 받는다.

오일의 사용 유무

항상 오일을 가지고 다니지도 않고 예기치 않았던 삠이나 경련을 마사지 할 때 반드시 오일이 필요한 것은 아니다. 유분이 적은 식물성 오일이 근처에 있다면 좋겠지만 없더라도 괜찮다.

발목 삠

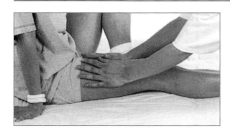

1 위와 아래 ; 부은 곳을 바로 마사지하지 않는다. 무릎부터 허벅지까지 부드럽게 쓰다듬는다. 서혜부에 있는 림프 결절 방향으로 마사지를 하는 것은 관절 부근에 정체되어 쌓여 있는 림프액을 배출시킨다. 무릎 뒤쪽을 가볍게 쓸어준다. 여러 번 반복한다.

2 상처 입은 다리를 구부리도록 돕는다. 손을 번갈아가며 발목에서 무릎까지 아래 다리 부분에 에플뤄라지 동작을 계속한다. 여러 번 반복한다. 한 손으로 발을 잡고 다른 한 손으로는 종아리를 부드럽게 주무른다.

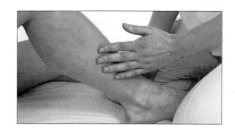

3 발목 부근에 집중해서 짧게 위로 올리는 동작으로 발목 주위를 아주 부드럽게 쓰다듬는다. 이 동작이 아프지 않은지 마사지 받는 사람에게 확인한다.

종아리 경련

1 엎드리게 하고 발을 자신의 무릎이나 작은 베개에 얹게 한다. 8~10초 동안 경련이 난 종아리 근육에 엄지손가락으로 조금씩 눌러준다.

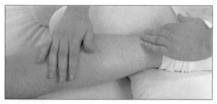

2 발목부터 허벅지까지 에플뤄라지(쓰다듬기) 동작을 해주고 다시 발목까지 내려온다.

셀프 스트레칭

종아리 경련을 다루는 좋은 방법은 바닥에 앉아 다리를 쭉 펴고 발가락을 자신 쪽으로 잡아당긴다. 8초 동안 잡아당기고 있다가 놓는다. 경련이 사라질 때까지 몇 번 반복한다. 그리고 나서 종아리를 세게 주물러준다. 근육이 이완됐다고 느껴지면 다리 위쪽으로 에플뤄라지 동작을 해준다.

오금 경련

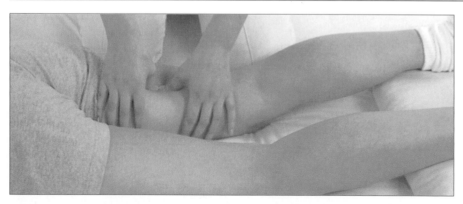

1 엎드리게 하고 발목에는 작은 베개나 쿠션을 놓아 높여준다. 천천히 리드미컬한 동작으로 손을 번갈아가며 허벅지 뒤를 마사지하며 올라간다.

그리고 난 후 엄지 손가락으로 허벅지 중간을 꽉 눌러주고 8~10초간 그대로 있는다.

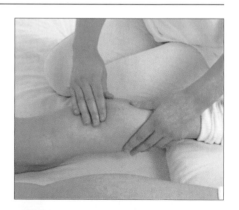

2 종아리 근육을 꽉꽉 주무른다. 손을 번갈아가며 근육을 꽉 쥐었다가 놓는다. 끝으로 발목부터 허벅지까지 쓰다듬기 동작을 하고 다시 발목으로 내려오면서 쓰다듬는다.

오금의 셀프 스트레칭

등을 대고 누워서 아픈 다리는 들고 다른 쪽 다리는 무릎을 구부린다. 가슴 쪽으로 천천히 허벅지를 잡아당겨 근육을 스트레칭 한다.

그리고 나서 8~10초 동안 허벅지 뒤를 강하게 문지른다. 근육이 풀렸다고 느껴질 때까지 허벅지 뒤를 주무른다. 끝으로 허벅지를 진정시키기 위해 문지른다.

테니스 엘보우 또는 골프 엘보우

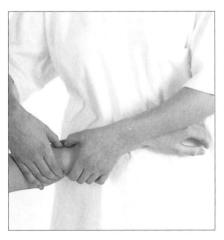

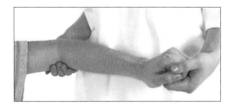

1 한 손으로 마사지 받는 사람의 팔목을 잡는다. 손목부터 팔꿈치까지 팔의 양쪽을 따라 에플뤄라지 동작을 하고 다시 팔꿈치에서 손목까지 한다. 여러 번 되풀이 한다.

2 마사지 받는 사람의 손을 옆쪽으로 놓는다. 두 엄지손가락으로 작은 원을 그리면서 손목부터 팔꿈치까지 다시 팔꿈치에서 손목까지 마사지한다. 팔뚝 근육에 특히 주의를 기울인다.

3,4 마사지 받는 사람의 손을 자신의 손에 놓고 잡는다. 다른 손으로 팔꿈치를 받쳐주고 팔꿈치를 앞으로 민다. 그리고 손등을 당겨서 팔에 붙은 힘줄을 힘차게 스트레칭 해준다.

아기 마사지

신생아는 만지면 본능적으로 대응하고 엄마와 아기 간의 마사지는 자연스럽게 유대를 강화하는 훌륭한 방법이다. 모든 아기가 만지고 흔들어주면 아주 민감하게 반응한다. 무엇인가가 몸에 닿자마자 아기가 얼마나 손이나 발가락을 꽉 웅크리는지 보라. 아기를 마사지 하는 데는 정해진 과정이 없다. 부드럽고 자연스러운 동작을 유지한다. 아기를 부드럽게 문지르는 단순한 행위가 자연스럽게 유대를 강화하고 아기를 진정시키고 안심시킨다. 마사지는 까다롭거나 배가 아픈 아기들을 진정시키고 가스를 제거해 주며 소화 문제를 해결해 준다. 기침과 감기에 대한 저항력도 강화시켜 준다. 스위트 아몬드나 썬플라워 같이 흡수가 잘 되는 식물성 오일을 사용하고 눈에 들어가지 않게 조심한다.

편안해지기

다리 사이든 무릎 위든 가장 편안한 곳에 따뜻하고 부드러운 수건을 놓고 그 위에 아기를 가만히 눕힌다. 작은 접시에 스위트 아몬드 오일 1 티스푼(5ml)을 따른다. 손이 따뜻해야 하고 방도 조용하고 아주 따뜻해야 하며 외풍이 없어야 한다. 아기를 목욕시키고 난 후가 아주 이상적이다.

몸 앞부분 마사지

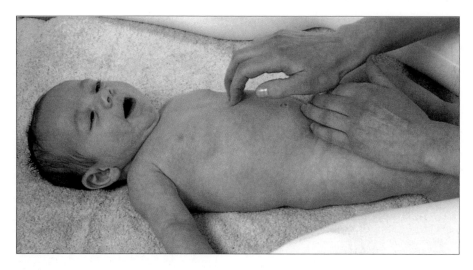

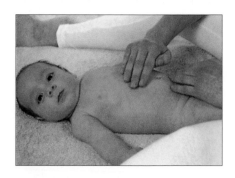

1 아기 몸 전면에 소량의 오일을 얼굴만 빼고 어깨부터 발까지 천천히 부드럽게 골고루 바른다. 손끝으로 가슴과 배를 살짝 문지른다. 이것은 아기를 진정시키는 좋은 마사지이다.

2 아주 살짝만 눌러준다. 두 손을 이용해 지속적인 회전 동작으로 배 위를 부드럽게 문지른다. 아기의 오른쪽 옆에서 마사지를 시작해서 왼쪽으로 내려온다. 팔이 엇갈리면 왼손을 들어 지속적인 동작을 유지한다. 이 회전 마사지를 여러 번 반복한다.

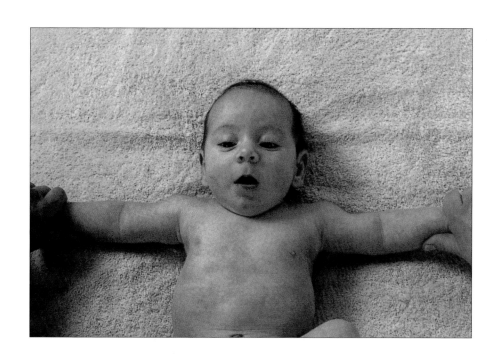

3 왼쪽 : 아기의 양팔을 옆으로 부드럽게 벌려, 손과 손가락을 펼쳐준다. 단 아기가 싫어하는데 억지로 하면 안 된다. 부드럽게 팔을 주무르고 엄지손가락으로 가볍게 원을 그리듯 손목과 손바닥을 마사지한다. 각 손가락을 살짝 잡아당겨 스트레칭 해줌으로써 마무리한다.

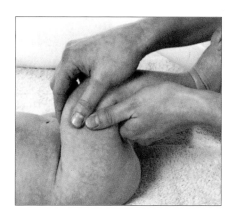

4 다리와 발로 옮겨가 한 번에 한 다리씩 마사지한다. 두 손으로 다리를 잡고 무릎부터 허벅지까지 다시 허벅지에서 무릎까지 문질러준다.

5 오른쪽 : 다리를 잡고 있던 손을 옮겨 발목 뒤를 잡는다. 다른 손의 손바닥으로 발바닥부터 발목까지 다시 발목에서 발가락까지 부드럽게 발등을 쓰다듬는다. 발가락에 도달했을 때 한 번에 한 발가락씩 부드럽게 스트레칭 해준다.

다른 쪽 다리에도 4번과 5번 과정을 반복한다.

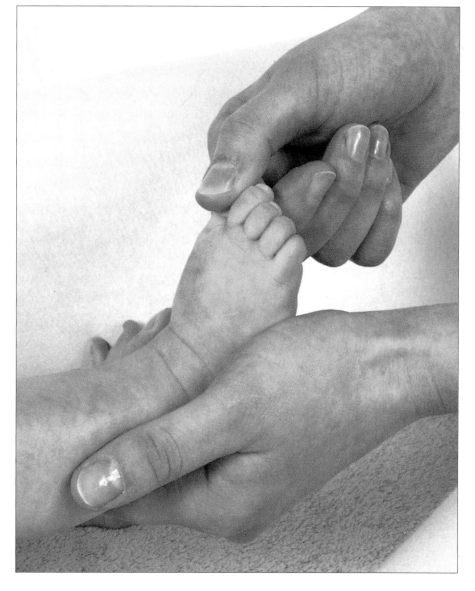

아기 등 마사지

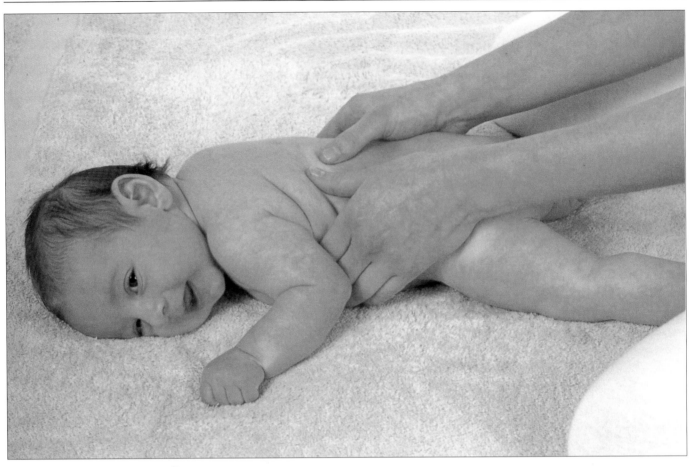

1 아기를 엎드리게 한다. 등 전체에 소량의 오일을 골고루 바르며 문질러준다. 등 옆과 다리, 팔도 문질러준다. 이렇게 등을 부드럽게 마사지 해주는 것은 척추 신경의 진정 효과 때문에 아기를 평온하게 해준다.

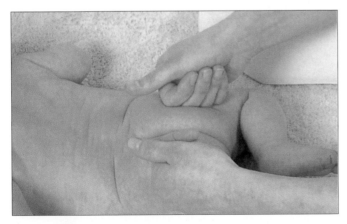

2 순환을 좋게 하기 위해 엉덩이를 부드럽게 주무른다. 주먹을 느슨하게 쥐고 엉덩이 위에서 회전 동작을 해준다.

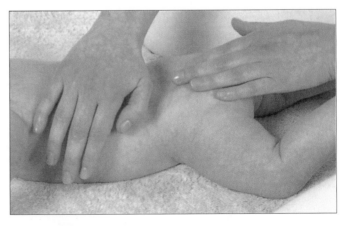

3 손을 번갈아가며 어깨까지 한 쪽 등을 부드럽게 문지르고 밑으로 다시 내려온다. 다른 쪽 등에도 반복해 준다.

4 두 손으로 상반신을 잡고 엄지 손가락을 이용해 등부터 목 밑까지 부드럽게 마사지를 해준다. 다시 목 밑에서 등으로 내려오며 마사지 해준다. 엄지손가락을 이용해서 어깨에도 부드럽게 마사지 해준다.

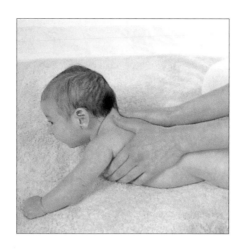

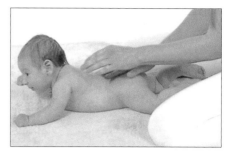

5 목부터 엉덩이까지 등 전체를 에플뤄라지 동작으로 부드럽게 마사지하면서 마무리한다.

노인을 위한 마사지

나이가 듦에 따라 자주 아프고 관절은 쑤시고 류머티즘이 생기는 등 몸이 쇠진했다는 신호들이 생기게 된다. 노화 과정이 가져오는 증상들을 최소화하는 많은 방법들이 있다. 잘 먹고 가능한 한 많이 움직이는 것은 말할 것도 없이 중요하다. 그리고 마사지는 고통을 줄이고 통증을 경감시키며 기동성을 준다.

마사지는 혈액 순환을 촉진시키고 통증을 완화하고 유연성을 높여주기 때문에 활동적으로 될 수 있게 도와준다. 누울 필요는 없고 의자에 앉은 채 목과 어깨의 마사지를 받을 수 있다. 다리와 발목 마사지는 발판에 다리를 올려 놓고 받을 수 있다.

조사에 따르면, 애완동물을 쓰다듬는 것이 저혈압인 사람에게 좋고, 우울을 해소시켜주며 회복을 빠르게 해준다. 그리고 심장마비도 줄여준다. 만져주면 애완동물 또한 좋아할 것이다!

많은 노인들이 차고 습한 날씨로 인해 생기는 통증으로 고통받는다. 라벤더나 샌달우드 같은 에센셜 오일을 사용해 따뜻한 목욕을 하면 몸이 편안해지고 긴장이 완화된다. 목욕 후 부드러운 마사지를 받는다. 그리고 혼자할 수 있는 마사지도 해본다. 손목, 무릎, 발목, 골반 같이 아픈 관절을 마사지한다. 관절이 류머티즘 때문에 아픈거라면, 부어오른 부분의 위, 아래를 마사지하는 것이 주위를 둘러싼 근육을 이완시켜 주기 때문에 아픔을 줄여준다. 붓거나 염증이 있는 곳은 피해서 마사지한다. 나이들면서 관절이 쇠약해지는 것을 골관절염이라고 하고, 골관절염은 특히 골반과 무릎에 잘 나타난다. 통증은 관절 자체보다 관절을 둘러싸고 있는 근육에 의해 생기기 때문에 마사지가 경련을 진정시키고 고통을 줄여줄 수 있다. 붓거나 염증이 있지 않으면 제일 아픈 곳을 부드럽게 문지르면서 관절 자체를 마사지해도 된다. 마사지는 깊이 자리하고 있는 터치나 의사 소통의 욕구를 만족시켜 줄 수 있고, 육체적만큼이나 심리적으로 만족이 되며 잘 균형잡힌 생활을 할 수 있게 해준다.

1 머리뼈 바로 밑에 두 엄지손가락을 부드럽게 놓는다. 손을 사용해 머리 양 옆을 이완시킨다. 천천히 너무 힘주지 말고 머리 뒷부분 중간에 도착할 때까지 엄지손가락을 머리 속으로 쭉 끌어올린다. 신경체계를 자극하기 위해 머리뼈 밑에서 머리 중간 부분까지 3번 반복한다.

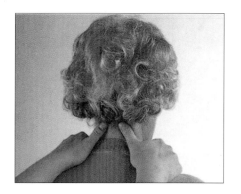

2 목 뒤에 엄지손가락을 놓고 부드럽게 누른다. 머리뼈 밑부터 어깨를 똑바로 내려오며 눌러준다. 이 마사지는 이 부근의 통증과 긴장을 풀어준다. 3번 반복한다.

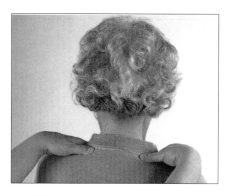

3 목의 양 옆에 두 손을 놓고 근육을 잡았다 놨다 하며 어깨를 부드럽게 주무른다. 어깨 전체에 주무르기를 3번 반복한다.

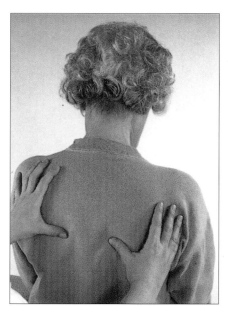

4 두 손을 견갑골 근처로 내린다. 손가락을 사용해 견갑골 위쪽으로 어깨까지 마사지한다. 등을 가볍게 눌렀다 놓는다. 3번 실시한다. 마사지할 때 손가락을 돌리거나 해서 동작을 약간 변화시켜도 된다.

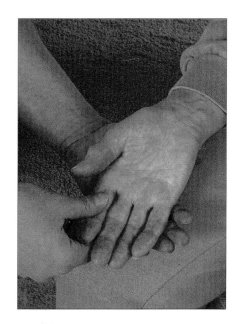

5 손이나 발은 마사지 받아도 되고 혼자 마사지를 해도 된다. 하지만 관절염이 있는 관절에 직접 마사지를 하면 안 된다. 부은 곳의 위, 아래를 마사지하고 림프 결절에 가장 가까운 곳으로 올라가며 마사지한다. 이 마사지는 체내 노폐물을 제거해 주고 염증을 줄여준다.

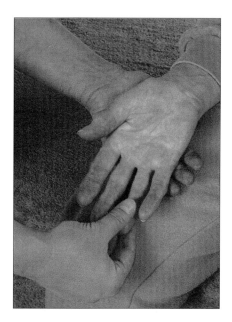

6 염증이 없는 경우에는 엄지손가락으로 원을 그리듯 손바닥 전체를 눌러준다. 그리고 나서 손을 뒤집어 각 손가락의 끝까지 마사지한다. 아프지 않게 손가락을 잡아당겨 각 손가락 관절을 스트레칭 해준다. 손목 쪽으로 강하게 문질러서 손 전체를 진정시킨다.

관능적 마사지

조 명을 은은하게 하고 긴장을 완화시키는 음악, 로즈나 파초올리, 네롤리, 샌달우드 오일 같은 최음 효과가 있는 에센셜 오일을 사용해서 적절한 분위기를 만든다. 이런 곳에서 마사지는 아주 즐겁고 감각적인 경험이 될 수 있으며 긴장을 풀어주고 감각을 깨워준다. 상대방 감각에 가장 강한 영향을 주는 부분을 찾아내는 것이기 때문에 직관은 관능적 마사지에서 중요한 역할을 한다. 직접적으로 쾌락을 주는 부분만 에로틱한 것은 아니다 - 목 뒤, 두피, 명치, 팔꿈치 안쪽, 손, 발도 에로틱한 부분이 될 수 있다.

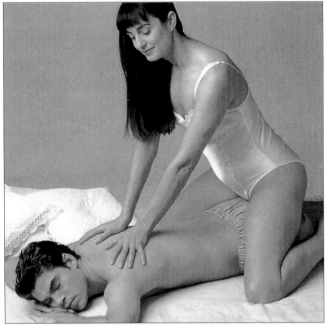

1 상대방을 엎드리게 하고 견갑골 위에 부드럽게 손을 얹는다. 등을 손바닥으로 둥글게 쓸어주며 어깨 위까지 마사지한다.

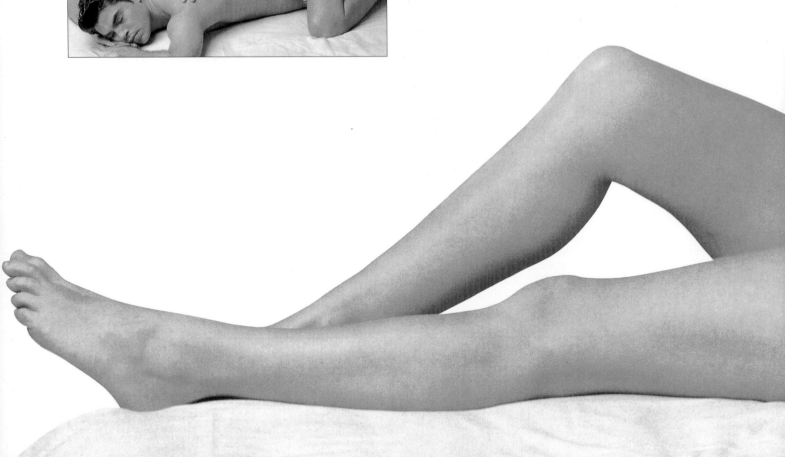

2 목 옆과 양쪽 어깨 근육을 세게 주물러준다. 어깨의 긴장이 풀리면 근육을 좀더 세게 주물러준다.

◀ 등은 어디보다도 민감한 부분이 될 수 있다. 서로 등을 대고 앉아 천천히 함께 움직이면서 자신의 등에 대고 있는 상대방 등의 윤곽을 느껴본다. 골반과 척추, 어깨가 느껴지도록 서로 등을 기댄 채 밀어본다. 등을 댄 채 머리를 상대방의 어깨에 기대고 체온과 에너지를 나누며 등이 주는 느낌을 즐긴다. 10초 정도 그렇게 있다가 다른 쪽도 반복한다.

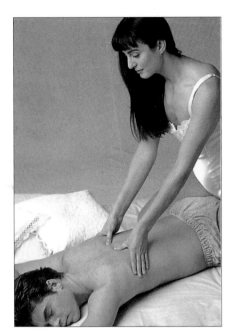

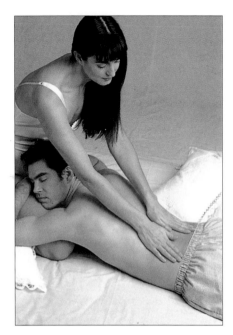

3 상대방의 머리가 편하게 놓여 있는지 확인하고 엄지손가락을 이용해 목덜미부터 척추 양쪽을 마사지해 내려간다. 등허리에 닿았을 때 척추 양 옆을 따라 다시 올라가며 마사지하는데 이번에는 조금 더 힘을 주고, 엄지손가락을 회전시키면서 근육의 긴장을 풀어준다. 척추를 따라 위, 아래로 두 세 번 반복한다.

4 상대방의 머리를 허벅지에 올려놓는다. 목부터 엉덩이까지 등을 따라 쓰다듬기 동작으로 마사지 해주고 몸통 옆을 쓰다듬으며 다시 위로 올라온다. 3번 반복한다.

5 등허리부터 척추 양쪽을 손끝으로 아주 가볍게 쓰다듬으며 올라온다. 세 번 반복하는데 매번 조금씩 더 가볍게 쓰다듬어 마지막에는 거의 느껴지지 않을 정도로 해준다.

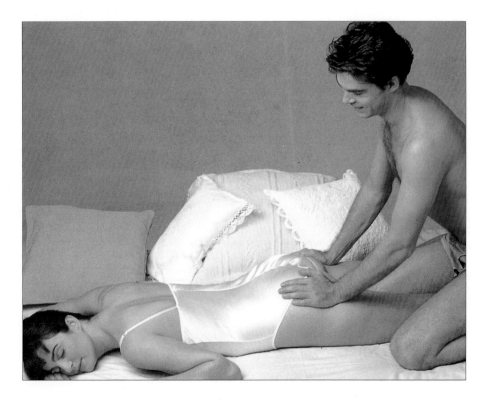

6 왼쪽 ; 등허리를 주물러 마사지한다. 손바닥 특히 손 안쪽 끝을 사용해서 엉덩이를 주무르고, 처음으로 돌아와 다른 곳을 마사지한다. 이곳을 지나는 신경은 남자의 경우 서혜부와 관련되고 여자는 자궁과 관계된다. 엉덩이는 그 자체가 아주 에로틱한 부분이다.

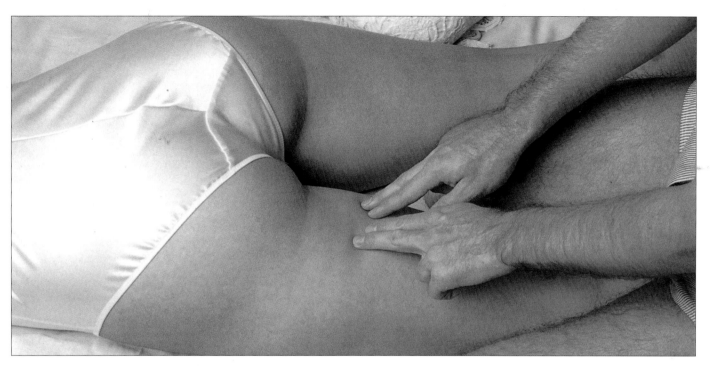

7 약지와 새끼손가락을 접고 손을 허벅지 위에 얹는다. 손을 번갈아가며 중지와 검지를 사용해 바깥쪽으로 원을 그려준다. 누르는 힘의 강도를 다양하게 하면서 천천히 여유있게 마사지한다.

8 상대방의 다리를 허벅지에 올려놓고 종아리에서 엄지손가락으로 원을 그린다. 힘을 세게 주고 엄지손가락을 번갈아가며 마사지한다.

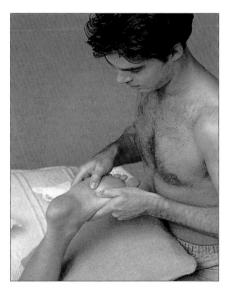

9 상대방의 발을 올려 두 손에 놓는다. 발 안쪽을 엄지손가락으로 힘있게 꽉꽉 눌러준다. 엄지발가락 쪽으로 올라가며 발바닥 전체를 마사지해준다

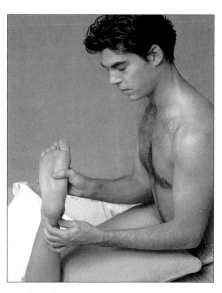

10 한 손으로 발을 잡고 그 손의 엄지로 발 중앙을 꽉 누른다. 이것은 뛰어난 진정효과가 있다. 다른 손의 엄지와 검지로 발목 주위를 회전 동작을 사용해 마사지한다.

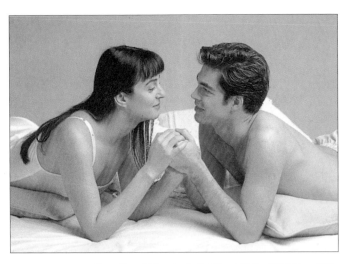

11 이번 단계에서는 각자 얼굴을 마주
보고 엎드린다. 여러 개의 쿠션으로
편안한 자세를 취한다. 상대방의 손을 부드럽
게 애무한다.

12 상대방의 손을 앞뒤로 젖히며 손
목을 스트레칭해준다. 손가락으로
손바닥 안쪽을 부드럽게 마사지한다.

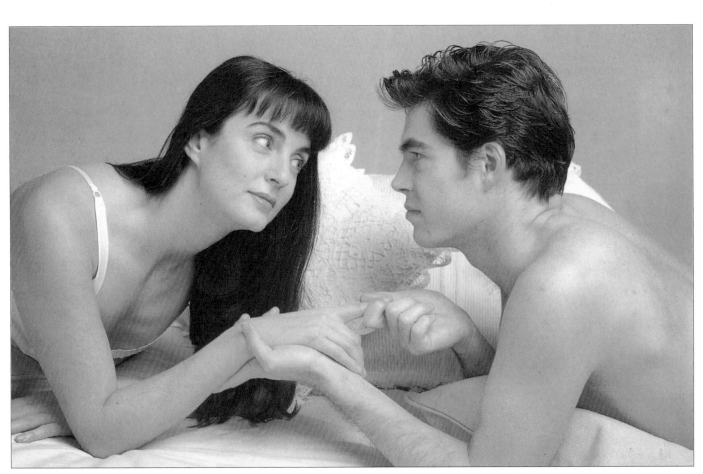

13 엄지나 약지부터 시작하고 손가
락 맨 아래 관절부터 손끝까지
해준다. 주무르고 비비고 회전 동작을 해주
고 부드럽게 잡아당긴다.

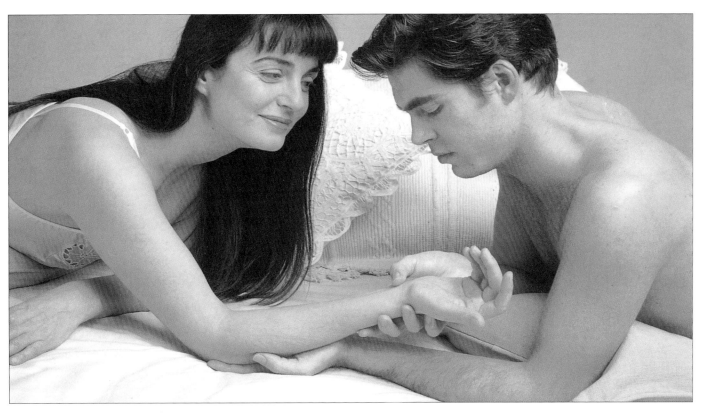

14 한 손으로 상대방의 팔꿈치를 받치고 다른 손으로는 손목 안쪽을 쓰다듬는데 엄지를 손목 안쪽 위에 놓고 쓰다듬는다. 손목은 아주 민감한 부분이다. 엄지로 부드럽게 회전 동작을 하며 손목 전체를 마사지한다. 다른 손목에도 반복한다.

15 왼쪽 : 부드러운 팔 안쪽을 손가락을 사용해 가볍게 쓰다듬는다. 이곳은 살짝만 얹어도 민감하게 반응하는 부분이고, 이곳을 만져주면 흥분이 되는 동시에 이완도 된다. 다른 팔에도 반복한다.

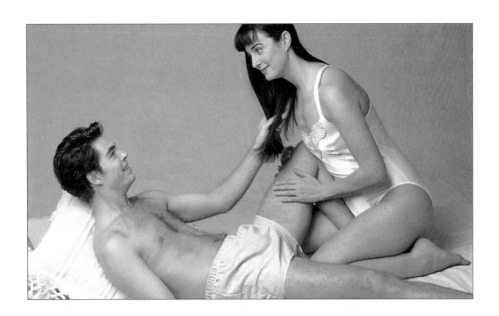

13 허벅지 안쪽을 위, 아래로 부드럽게 쓰다듬는다. 그리고 난 후 아주 에로틱한 부분인 서혜부 근처를 마사지해준다.

17 아주 가벼운 터치로 어깨를 지나 목 위와 옆, 앞, 뒤를 마사지한다. 머리도 쓰다듬는다. 강한 성적 반응을 일으키는 목 아래 부분을 좀더 오래 쓰다듬는다.

18 오른쪽 ; 끝으로 귀를 쓰다듬는데 귓불부터 시작해서 귀 안쪽을 쓰다듬는다. 민감한 성감대인 귀의 바깥 부분과 귓불을 살짝 집어준다.

즉석 마사지

때로 옷 벗을 시간이나 장소를 찾지 않고도 마사지로 어깨나 목의 긴장을 풀고 싶다는 생각이 간절해진다. 일에 거의 방해받지 않고 특히 사무실에서 어깨 마사지를 하는 방법에 대한 관심이 높아지고 있다. 집에서도 의자에 편히 앉아 10분간 어깨와 목 마사지를 받을 수 있다면 더할나위 없이 좋을 것이다. 오일을 바르기 싫으면 꼭 바를 필요는 없고 얇은 옷을 입고 마사지 받아도 된다.

1 마사지 받는 사람이 의자 등을 마주보고 걸터앉게 한다. 의자 등에 편안하도록 접은 수건이나 쿠션을 받쳐준다. 뒤에 서서 마사지 받는 사람의 어깨 살 부분이 부드럽게 눌리도록 팔뚝을 어깨에 얹고 팔뚝에 몸무게를 싣는다.

2 앞으로 기대게 하고, 견갑골 밑부분부터 등의 위쪽과 어깨 위 끝으로, 그리고 팔 위쪽까지 쓰다듬기 동작을 해준다. 4번 반복한다.

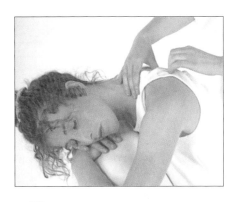

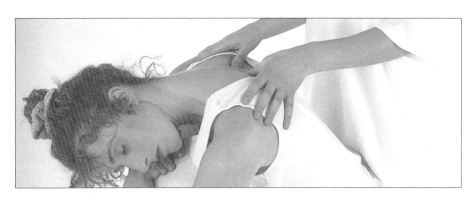

3 두 손으로 목 옆부터 팔 상단부까지 어깨를 따라 세게 주물러준다.

4 가능하면 등허리부터 작은 원을 그리는 듯한 마찰 동작으로 척추를 마사지한다. 목 옆부분부터 머리뼈 밑까지 올라가며 마사지하고, 미끄러지듯 내려와 다시 위쪽으로 마사지하는데 이번에는 어깨부터 시작한다.

5 의자 옆으로 가서 선다. 마사지 받는 사람의 머리를 앞으로 숙이게 하고 한 손으로 머리를 받친다. 다른 손의 엄지와 검지로 목을 세게 주무른다. 목부터 머리뼈 밑까지 회전 동작으로 마사지한다.

6 다시 뒤쪽으로 가서 선다. 두 손으로 머리 뒤를 마사지한다. 작은 원을 그리며 이마 위까지 올라가서 관자놀이로 내려온다. 마사지할 때 두피를 밀어 움직여준다. 관자놀이에서는 힘을 좀 약하게 해준다.

7 두 손의 바깥 날로 어깨 살부분에 짧고, 빠르게 해킹(치기) 동작을 해준다. 우선, 한 쪽 그리고 나서 다른 쪽을 해준다. 손목과 손에 힘을 완전히 빼준다.

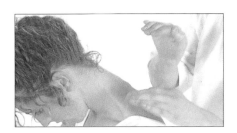

8 한 번에 한 쪽 어깨씩 커핑 (흡착법) 동작을 해준다.

9 오른쪽 ; 한 손씩 번갈아가며 등 전체를 부드럽게 문질러준다. 점점 강도를 약하게 하면서 5번 반복한다.

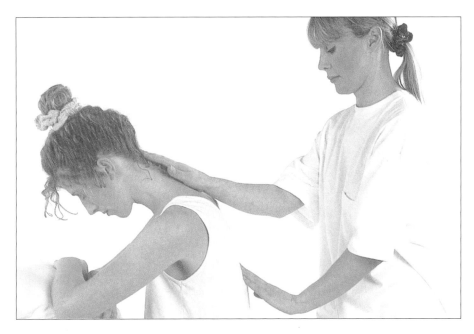

반 사 학

대 부분 사람들이 발 마사지를 즐긴다 – 발은 몸의 가장 민감한 부분 중 하나다. 모든 발 마사지가 유익하고 긴장 완화에 도움이 되지만, 반사학은 독특한 진찰 방법을 사용하고 몸 전체에 건강을 촉진시킨다. 반사학은 몸이 10개의 수직 지대로 나눌 수 있고 각 지대가 발의 한 부분에 해당한다는 원칙에 기초를 두고 있다. 그래서 발은 사실상 인체의 지도이다. 발의 예민한 부분은 해당되는 신체 기관에 문제가 있음을 가리키고, 문제가 있는 부분을 마사지함으로써 어느 정도 치료가 가능하다. 반사학은 고통을 완화시키고 몸의 자연 균형과 좋은 컨디션을 유지하는 데 도움이 된다.

발 도표

발 도표는 단지 해설을 위한 지침일 뿐이다. 발에서 아픈 부분이나 혈이 막힌 부분을 발견했을 때 도표에서 그 부분을 찾아보고 아픈 곳이 어느 반사 지역인지 대강 알 수 있다. 이것은 단지 대략적인 지침이다. 왜냐하면 모든 발이 다르게 생겼고 도표와 꼭 같은 모양은 아니기 때문이다. 또한 도표는 2차원이고 몸은 3차원이다. 그러므로 발 위의 반사 지역은 이것을 반영한다. 도표는 반사 지대가 어떤 것인지만 보여주기 위해 아주 단순화되어 있지만 사실상 몸의 기관들은 서로 겹쳐 있다.

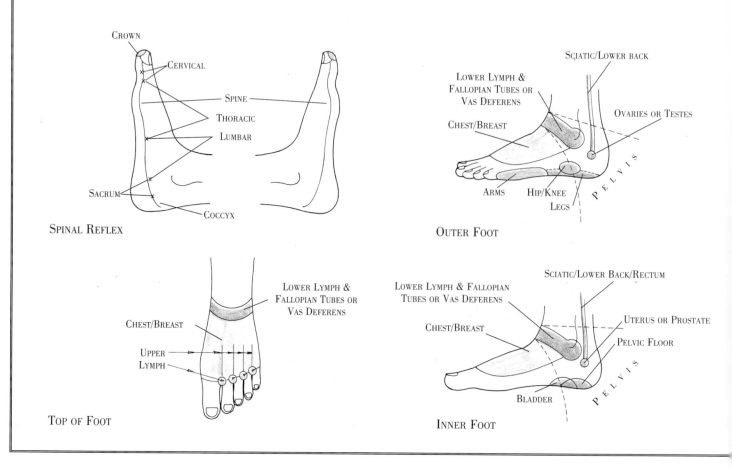

반사학의 배경

치료 목적으로 몸의 반사작용을 사용한다는 생각은 새로운 것이 아니다 - 초기 중국인들은 수천 년 전 지압술을 개발했다. 이 지압술은 반사지대에 대한 기초지식과 몸의 각 부분 사이의 접점과 연결에 대한 기초지식을 제공한다. 초기 중국인들과 일본인, 인도인, 이집트인들은 건강 증진을 위해 발마사지를 했고, 이들의 문명들이 개발한 많은 원칙들이 현대에 쓰이고 있다.

반사학은 오늘날 잘 알려진대로 윌리엄 핏제랄드 (William Fitzgerald) 박사와 유니스 잉그햄 (Eunice Ingham)의 연구에 대부분 기초하고 있다. 핏제랄드 박사는 자극하면 진통효과를 내는 자신만의 지압점 체계를 고안했다. 그는 몸이 머리 끝부터 발가락 끝까지 10개 지대로 나뉘어질 수 있고, 몸의 한 특정 지대에서 일어나는 모든 것이 그 지대 내의 기관과 다른 부분에도 영향을 미칠 수 있음을 발견했다. 이 이론은 유니스 잉그햄이라는 젊은 물리요법자에 의해 1930년대에 다듬어졌다. 유니스 잉그햄은 발에 쥐기(grip) 요법이라는 엄지손가락을 이용한 동작을 도입했고 좀더 복잡한 지대 체계를 개발했다. 이후로 그 지대 체계는 오늘날 실행되고 있는 세계적으로 인정받은 방법으로 다듬어졌다. 현대 반사학은 건강에 굉장한 도움을 준다; 스트레스를 풀어주고 순환을 촉진시키고, 몸의 불순물과 독성을 제거하고 에너지를 충만하게 해준다.

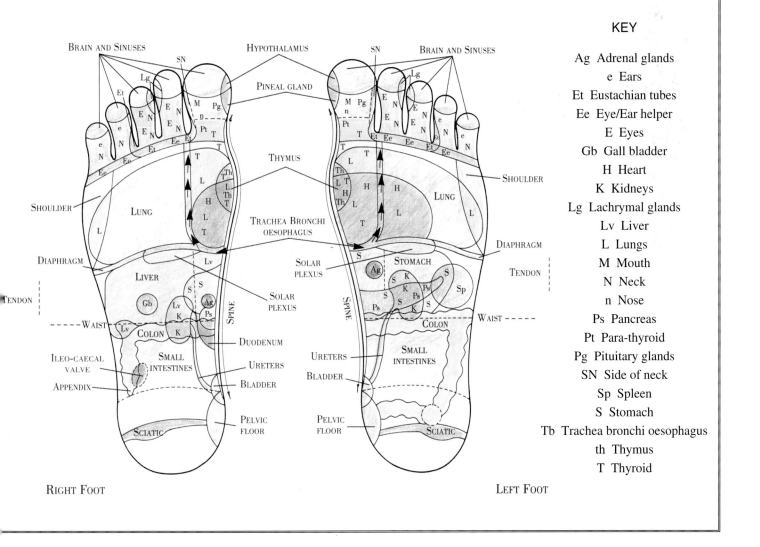

기초적인 반사학 요법

치료

고급(高級) 진단법은 훈련된 직업 기술이지만 몇몇 기초적 진단 기술은 발마사지에서 쉽게 사용될 수 있다. 이 기초 기술은 반대편 허벅지에 발목을 얹어 놓고 자기 자신의 발에도 사용할 수 있다.

다음 사항들은 긴장 완화 과정을 확실하게 도와준다.

- 마사지 받는 사람의 발을 자신의 무릎 위에 올려놓거나 적당한 높이의 쿠션이나 베개 위에 얹어놓고 마사지한다.
- 마사지 받는 사람은 발 받침대가 있는 편안한 의자에 앉거나 발을 올리기 위해 작은 탁자를 사용해도 된다.
- 등, 목, 무릎이 잘 받쳐져서 마사지 받는 사람이 아주 편안하게 이완될 수 있어야 한다.
- 오일 없이 마사지해도 된다. 파우더를 뿌려 발을 뽀송뽀송하게 하거나 원한다면 맨 피부에 그냥 해도 된다.
- 마사지하는 사람의 손톱은 짧고 잘 다듬어져 있어야 한다.

다음 과정들은 반사학의 입문이다. 모든 압점을 제대로 누르고 쉽게 자극하기 위해서는 발을 제대로 잡는 것이 필요하다. 손을 바꿔가며 발을 잡고 발의 어느 부분을 지압하느냐에 따라 손이 역할을 바꿀 것이기 때문에 두 손을 다 사용해서 지압한다. 발을 잡는 방법 외에 지켜야 할 주요 원칙은 지레법(지탱하는 법)이다. 발과 좀 더 효과적으로 접촉하기 위해서 지압하는 엄지손가락 반대편에서 나머지 다른 손가락들을 사용한다. 또는 손가락 워킹에서 지압하는 손가락의 반대편에서 엄지손가락을 사용한다.

발과 인사하기

아래 ; 발과의 처음 접촉은 전체 치료의 분위기를 결정한다. 두 발을 부드럽게 잡고, 마사지 받는 사람이 어떤 상태인지 느끼고 서로 친밀감을 형성한다.

발목 돌리기

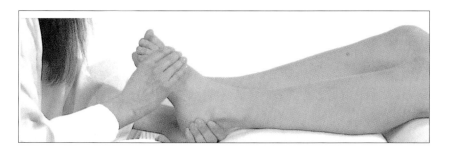

긴장을 완화시키는 동작으로 시 작한다. 왼손으로 오른발의 발꿈 치를 잡아서 고정시킨다. 발가락 밑부분을 지압할 손의 손가락으 로 부드럽게 감싸서 잡는다. 오 른쪽, 왼쪽으로 여러 번 발을 돌 린다.

발목 스트레칭

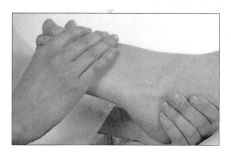

발목 돌리기와 똑같은 방법으로 발 을 잡고 발을 앞뒤로 천천히 당겼다 밀었다 함으로써 아킬레스건의 긴장 을 풀어준다. 발목 관절에 무리가 가 지 않도록 주의한다. 그리고 난 후 힘을 줘가며 발목 주위를 지압한다. 이곳은 생식기, 다리, 등허리에 대응 되는 부분이다.

명치의 긴장 완화

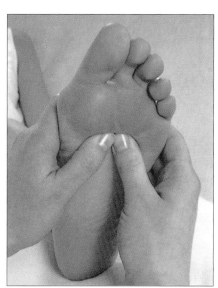

안으로 움푹 들어간 발바닥 중심부 에 위치한 명치점에 두 엄지손가락 을 놓는다. 이것은 특히 마사지 받는 사람이 긴장해 있거나 불안해 하는 경우, 좋은 긴장 완화 연습이다. 두 발에 동시에 해도 된다.

엄지손가락 후킹(걸기)

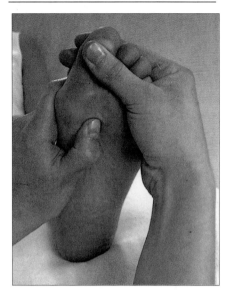

반사점에 엄지손가락의 옆면을 댄다. 힘을 주기 위해 엄지손가락의 첫 번째 관절을 구부린다. 그리고 엄지손가락이 그 반사 지점을 지나도록 끌어당긴다. 역압을 주기 위해 다른 손가락들을 사용해 발등에서 밀어주고 힘의 강도를 높이기 위해 손목을 치켜든다. 후킹(hooking)은 뇌하수체 지점, 명치, 림프 배출 지점, 통증 지점을 자극하기 위해 사용한다.

엄지손가락 워킹(걸기)

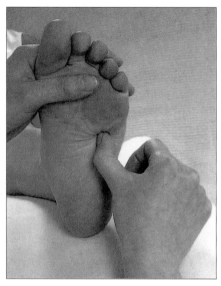

이것은 넓은 면적을 지압할 수 있는 주요 기술이다. 엄지 워킹은 엄지 후킹과 같은 식으로 시작한다. 그리고 나서 구부린 엄지의 바깥 부분을 가볍게 흔들어준다. 엄지 워킹 시에는 일정한 힘을 유지한다. 힘을 주었다 뺐다 하면 안 된다. 발바닥 상반부 밑에 횡경막 선을 누른다. 그리고 나서 발꿈치부터 엄지발가락까지 발의 움푹한 곳을 따라 척추 부분을 자극한다.

손가락 워킹

이 기술은 발 꼭대기를 마사지하는 데 사용된다. 원칙은 엄지손가락 워킹과 같다: 검지의 첫 번째 관절을 굽히고 앞으로 흔들어준다. 발을 잡고 있는 손으로 발가락을 잡고 꼭 펴준다. 그리고 지렛대 역할을 하기 위해 마사지하는 손의 엄지손가락으로 발의 상단부를 밀어준다. 새끼발가락 밑부분부터 발목까지 손가락 워킹을 한다. 발의 안쪽을 향해 다음 발가락들의 사이를 다시 워킹한다.

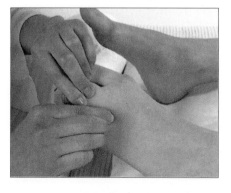
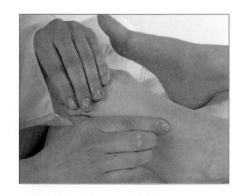

이것은 발 꼭대기의 엄지발가락과 두 번째 발가락 사이에 위치한 가슴과 폐 부분 그리고 림프 배출로와 성대 부분의 긴장을 풀어준다.

발 문지르기

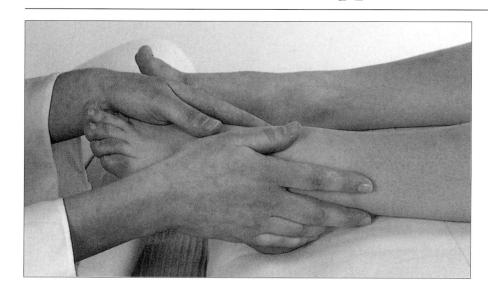

왼쪽 : 양쪽 발의 긴장을 풀어주기 위해서 손을 번갈아가며 발목부터 발가락까지 부드럽게 발을 문지른다.

여분의 문지르기

오른쪽 두 손으로 발을 잡고 천천히 위 아래로 미끄러지듯 쓰다듬어 준다. 이것은 민감한 반사 지역을 지압한 후 긴장을 완화시키기 위해 치료 도중 내내 사용될 수 있다. 발 전체의 균형을 다시 잡아주기 위해 과정이 끝날 때는 늘 이런 쓰다듬기를 해준다.

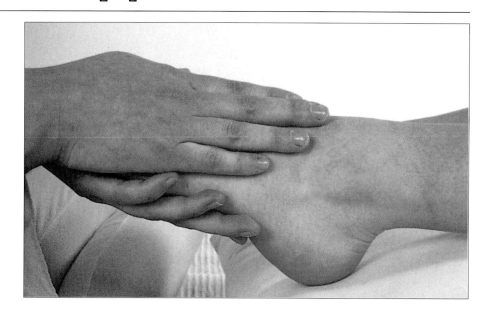

효과적인 치료를 위하여

• 손톱의 바깥쪽 날과 손톱으로 발을 눌러준다. 그러나 손톱으로 후벼파지는 않는다.

• 특별히 더 힘 줘 누를 때의 반응을 체크하거나 아프고 민감한 곳을 찾기 위해 마사지 받는 사람과 규칙적으로 눈을 맞춘다.

• 우툴두툴한 알갱이가 느껴지는 민감한 곳은 특별히 더 주의한다. 이곳은 석회가 침착되어 있거나 림프액이 모여있는 곳이다. 그 뭉침이 완전히 풀리도록 마사지하고 에너지를 불어넣어 준다.

• 발의 각 부분을 여러 번 마사지하고 한 군데도 빼먹지 않도록 주의한다.

• 한 번은 각 발의 민감한 부분을 찾아내기 위해 마사지하고, 두 번째는 발과 몸의 회복을 위해 마사지한다.

• 부드러운 쓰다듬기로 동작들을 연결한다.

• 최소한 한 손으로라도 발을 항상 잡고 있음으로써 접촉을 계속 유지한다.

• 손관절로 문지르는 것은 발의 넓은 지역을 마사지하는데 사용한다.

지압과 마사지는 나의 건강과 즐거운 가정 생활을 지켜 준다.

SHIATSU & MASSAGE

지압과 마사지

2003년 11월 10일 인쇄
2003년 11월 15일 발행
지은이 / CAROLE McGILVERY, JIMI REED
MIRA MEHTA & SILVA MEHTA
발행인 / 김 귀 환
발행처 / 학 문 사 *HMP*

서울특별시 종로구 사직동 7-2번지 사학회관
☎ (서울) (02)738-5118   FAX 733-8998
(대구) (053)422-5000～3   FAX 424-7111
(부산) (051)502-8104   FAX 503-8121
신고번호   제300-2003-149호

가격 12,000원

© HAKMUN PUBLISHING CO. 2003

ISBN 89 – 467 – 6266 – 7
E-mail: hakmun@hakmun.co.kr
http://www.hakmun.co.kr

※ *Photography by* **SUE ATKINSON**

학문사 피부·미용·건강

아로마테라피 마사지 요가
김광옥 외 공역/국배판/252면/30,000원

아로마테라피
김광옥 외 공역/국배판/82면/12,000원

지압과 마사지
김광옥 외 공역/국배판/86면/12,000원

요 가
김광옥 외 공역/국배판/188면/12,000원

마사지의 이론과 실제
(개정증보판)
김상수 외 공저/4×6배판/236면/15,000원

피부·체형관리의 실전테크닉
이정옥 저/4×6배판/352면/25,000원

피부미용학개론 (개정판)
이정옥 저/4×6배판/312면/15,000원

네일케어와 아트 (개정판)
김광옥 외 공저/국배판/240면/25,000원

대체의학과 건강관리
류종훈 저/4×6배판/408면/13,000원